MARCO ◉ POLO

Tessin

Reisen mit **Insider Tipps**

Diesen Führer schrieben der Journalist Jürg Steiner und die Journalistin Manuschak Karnusian. Beide haben mehrere Jahre im Tessin gelebt und gearbeitet.

marcopolo.de

Die aktuellsten Insider-Tipps finden Sie unter www.marcopolo.de, siehe auch Seite 96

MAIRS GEOGRAPHISCHER VERLAG

SYMBOLE

 MARCO POLO INSIDER-TIPPS:
Von unseren Autoren für Sie entdeckt

★ **MARCO POLO HIGHLIGHTS:**
Alles, was Sie im Tessin kennen sollten

 HIER HABEN SIE EINE SCHÖNE AUSSICHT

🏃 **WO SIE JUNGE LEUTE TREFFEN**

PREISKATEGORIEN

Hotels
€€€   **über 125 Euro**
€€   **70–125 Euro**
€   **unter 70 Euro**

Die Preise verstehen sich pro Nacht für zwei Personen im Doppelzimmer ohne Frühstück.

Restaurants
€€€   **über 48 Euro**
€€   **20–48 Euro**
€   **unter 20 Euro**

Die Preise verstehen sich für ein durchschnittliches Menü mit Getränk, aber ohne Flaschenwein.

KARTEN

[106 A1] Seitenzahlen und Koordinaten für den Reiseatlas Tessin

Karten zu Bellinzona, Locarno und Lugano finden Sie im hinteren Umschlag.

Zu Ihrer Orientierung sind auch die Orte mit Koordinaten versehen, die nicht im Reiseatlas eingetragen sind.

GUT ZU WISSEN

Der Tessin und das Tessin **14** · Tessiner Spezialitäten **20**
Rekordbau unter dem Gotthard **35** · Merlot **56** · Eishockey **70**
Im Bann der Schlange **77**

INHALT

DIE BESTEN MARCO POLO INSIDER-TIPPS .... vorderer Umschlag

DIE WICHTIGSTEN MARCO POLO HIGHLIGHTS 4

AUFTAKT 7
Entdecken Sie das Tessin!

Geschichtstabelle 8

STICHWORTE 13
Von den Architekten bis zum Rustico

ESSEN & TRINKEN 19
Pasta und Polenta, Minestrone und Merlot

EINKAUFEN 23
Exklusive Boutiquen und Delikatessen

FESTE, EVENTS UND MEHR 24

NORDTESSINER TÄLER 27
Die unscheinbaren Vorboten des Südens

LOCARNESE 39
Wilde Bergflüsse, milde Seeufer

LUGANESE 59
Schicke Grandezza, grüne Idylle

MENDRISIOTTO 73
Ungeschminkter Charme der Lombardei

AUSFLÜGE & TOUREN 81
Geniale Baumeister und brachiale Steinkultur

SPORT & AKTIVITÄTEN 87
Wilde Sprünge, heiße Ritte

MIT KINDERN REISEN 91
Sonne, Saurier, Schokolade

ANGESAGT! 94

PRAKTISCHE HINWEISE 95
Von Anreise bis Zoll

SPRACHFÜHRER 99

REISEATLAS TESSIN 103
KARTENLEGENDE REISEATLAS 105
MARCO POLO PROGRAMM 117
REGISTER 118
IMPRESSUM 119
BLOSS NICHT! 120

Die wichtigsten
MARCO POLO Highlights

Sehenswürdigkeiten, Orte und Erlebnisse, die Sie nicht verpassen sollten

 Rabadan
Tessiner Lebensfreude im frenetischen Rhythmus des Bellinzoneser Karnevals (Seite 24)

 Filmfestival in Locarno
Punkt 21.30 Uhr wird die Piazza Grande zum einzigartigen Open-Air-Kino (Seite 25)

 Bellinzonas Burgen
Mächtige, elegante Zeugen der Vergangenheit, geadelt durch die Unesco (Seite 28)

 Kirche San Carlo
Grandioser Kulturschatz im abgelegenen Dorf Negrentino im Bleniotal (Seite 32)

 Sankt-Gotthard-Pass
Der wichtigste Weg von Norden nach Süden, ein schweizerischer Mythos (Seite 37)

 Monte Verità
Mythischer Hügel bei Ascona mit großer Anziehungskraft für Lebenskünstler (Seite 40)

 Brissagoinseln
Zwei Perlen im Lago Maggiore, Schönheiten ohne Verfallsdatum (Seite 44)

Bellinzona: Bilderbuchburgen

Sommernachtstraum: Filmfest Locarno

 Kirche San Giovanni Battista
Mario Bottas architektonische
Hymne an die unzähmbaren
Kräfte des Bergs im Maggiatal
(Seite 52)

 Flussbaden in der Verzasca
Prickelnde Erfrischung zwischen
skurrilen Felsformationen
(Seite 57)

 Piazza della Riforma
Der Salon von Lugano, ein
Freilichttheater der Italianità
(Seite 60 und 64)

 Parco Scherrer
Exotik im wunderbaren
Schatzkästchen des Dorfs
Morcote am Luganer See
(Seite 69)

 Muggiotal
Augenweiden im südlichsten
Tal der Schweiz oberhalb von
Chiasso (Seite 74)

Gneis und grünes Wasser: Verzasca

 Via alle Cantine
Grottogemütlichkeit mit herber
Echtheitsgarantie in Mendrisio
(Seite 76)

 Monte Generoso
Der großzügige Bergzacken
mit grandiosem Blick nach
Bella Italia (Seite 78)

 La Traversata
Klassische Gratwanderung
mit majestätischer Aussicht
(Seite 88)

 Die Highlights sind in der Karte auf dem hinteren Umschlag eingetragen

Entdecken Sie das Tessin!

Südliches Licht, spektakuläre Landschaften, urwüchsige Kultur – und ein Hauch Italianità

Kamelien, die in der Januarsonne blühen, wenn der Norden in Frost und Nebel erstarrt; laue Sommerabende am Steintisch im Grotto bei einem Glas Rotwein; der schlichte Stolz uralter Kirchtürme inmitten eines gedrungenen Dorfes aus Steinhäusern; die tiefe Ruhe der Kastanienwälder im warmen Licht der Herbstsonne: Das Tessin steckt voller Bilder, die in den Herzen des Nordens die Leidenschaft des Südens wecken – selbst wenn alle wissen, dass es auch hier schneit, regnet, stürmt, blitzt, donnert, oft sogar heftiger als anderswo. Doch die eindringliche Kombination von Gegensätzen – Palmen vor schneebedeckten Bergspitzen, mediterranes Klima in schroffen Bergtälern, italienische Emotionalität inmitten schweizerischen Ordnungssinns – lässt niemanden kalt.

Von dieser Magie können auch Sie sich verzaubern lassen. Lassen Sie sich auf den kleinen Zipfel zwischen der Schweiz und Italien ein – es gibt einigen Grund dazu. Die bizarre Landschaft mit den herrlichen Wanderbergen und den Seen, Flüssen und Wildbächen zum Baden ist

Blütenpracht: Das Tessin ist ein einziger botanischer Garten

einer davon. Aber der Kanton hat seinen Besuchern noch mehr zu bieten: spektakuläre Werke seiner Architektengilde, Trendsportarten wie Biking, Climbing oder Canyoning, die kreative Energie seiner Spitzenköche.

Jahrhundertelang waren die südalpinen Täler bloß unangenehme Wegstrecken auf beschwerlichen Handelsrouten. Erst als im 18. Jh. das Reisen unter europäischen Intellektuellen zur Bildungsmaxime wird, ändert sich diese Wahrnehmung. Künstler pilgern nach Italien – und entdecken das Naturspektakel an der Südflanke des Gotthards. Das Tessin wird als pittoreske Vorwegnahme des Mittelmeers ins Bild gerückt. Ab Ende des 19. Jhs. er-

Gerra im Gambarogno: Badeparadies am Lago Maggiore

Geschichtstabelle

6000–2000 v. Chr. Das Tessin ist bereits zwischen Neolithikum und Bronzezeit besiedelt, wie archäologische Funde bei Bellinzona belegen

15 v. Chr. Die Römer bringen die südalpinen Täler unter ihre Kontrolle und beherrschen das Gebiet bis ins 5. Jh. Unter ihrer Ägide wird das Tessin christianisiert

6.–8. Jh. n. Chr. Die Langobarden erobern das Tessin. Später werden sie von den Franken verdrängt

12. Jh. Das Herzogtum Mailand dehnt seinen Einflussbereich bis in die Tessiner Täler aus. Die Familien Sforza und Visconti hinterlassen dauerhafte architektonische Spuren

1478 Schlacht bei Giornico: Die Eidgenossen schlagen die Mailänder und setzen zum Eroberungszug gegen Süden an

1515 Die Eidgenossen werden in der Schlacht von Marignano gestoppt. Sie sichern sich das heutige Tessin und verwalten es als Untertanengebiet

1798 Napoleon stürzt das Ancien régime der Alten Eidgenossenschaft und gliedert die südalpinen Täler in die Helvetische Republik ein

1803 Napoleon gibt den föderalistischen Strömungen in der Schweiz nach und schafft einen Bundesstaat mit 18 gleichberechtigten Kantonen. Gründung des modernen Cantone Ticino

1878 Bellinzona wird definitiv die Hauptstadt des Tessins. Zuvor wechselte der Regierungssitz zwischen Lugano, Locarno und Bellinzona

1882 Der Eisenbahntunnel durch den Gotthard wird in Betrieb genommen

1892 Die schweizerische Landesregierung zwingt den Kanton Tessin, das Verhältniswahlrecht einzuführen. Dieser Eingriff beendet die blutigen Auseinandersetzungen zwischen Konservativen und Liberalen

1925 Deutschland, Frankreich und Großbritannien unterzeichnen den »Vertrag von Locarno« und konsolidieren damit den Frieden nach dem Ersten Weltkrieg

1980 Der Straßentunnel durch den Gotthard wird eröffnet

1996 Die Universität der italienischen Schweiz nimmt den Lehrbetrieb auf. Sie umfasst die Fakultäten für Wirtschafts- und Kommunikationswissenschaft in Lugano sowie die Architekturakademie in Mendrisio

2001 Brandunfall im Gotthard-Straßentunnel. Die Röhre bleibt wochenlang für jeden Verkehr gesperrt

obern Künstler, Anarchisten, Aussteiger und Träumer den Monte Verità und machen Ascona zum Anziehungspunkt des deutschsprachigen Kulturlebens. Die kulturelle Creme aus dem deutschsprachigen Raum – von Hermann Hesse über Paul Klee und Max Frisch bis zu Max Horkheimer – pilgert in die milde italienische Schweiz. Wirtschaftskapitäne erkennen an den Ufern von Lago Maggiore und Luganer See diskrete, sonnige Inseln. Im Sog der Prominenz wandelt sich das Tessin vom Südbalkon der Elite zum Traumziel für Hunderttausende aus Deutschland und der Deutschschweiz – im Opel »Ascona« ikonenhaft verewigt.

Doch die plötzliche Aufmerksamkeit bringt große Probleme: Die rückständige Agrarregion wird in rasender Geschwindigkeit zum Dienstleistungsstandort umgebaut.

» Palmen vor schneebedeckten Bergspitzen «

Bei den Tessinern wecken die munter fließenden Devisen die Versuchung des schnellen Gelds. Sie verkaufen Häuser und Boden. Bauern werden über Nacht zu neureichen Immobilienmaklern und ziehen sich aus der Berglandwirtschaft zurück. Die in Jahrhunderten entstandene »Kultur des Steins« – in Schwindel erregende Steilhänge gebaute Ackerterrassen oder mit monumentalen Granitblöcken gedeckte Steinhütten – versinkt vielerorts binnen weniger Jahre unter wild wuchernder Vegetation.

Konsterniert realisieren die Tessiner, wie sich die deutsche Sprache und Familiennamen wie Müller und Meier ausbreiten, wie der chaotische Siedlungsbrei und himmelhohe Autobahnviadukte die Schönheit der Landschaft erbarmungslos zudecken. Selbst an der gestiegenen Nachfrage nach Gästebetten

Die meistfotografierte Uferpromenade am Lago Maggiore: Lungolago in Ascona

partizipieren die Tessiner nur bescheiden: Viele Hotelbetriebe sind in Deutschschweizer Hand. Das Tessin fühlt sich fremdbestimmt – nicht zum ersten Mal in seiner Geschichte.

Während Jahrhunderten ist genau die Landschaft, die heute als pittoreske und liebliche »Sonnenstube« erlebt wird, zu karg, um die Bevölkerung zu ernähren. Bereits ab dem 15. Jh. gehört die Emigration zur typischen Tessiner Familiengeschichte. Zehntausende wandern aus – vorübergehend oder für immer –, in die USA, nach Argentinien, nach Australien. Im kollektiven Bewusstsein der Tessiner brennt aber auch eine andere Wunde. Ab dem 16. Jh. sind die Tessiner für fast 300 Jahre Untertanen der Deutschschweiz: Das haben sie nie vergessen – auch nicht, als das Tessin auf Anordnung Napoleons ab 1803 zu einem selbstständigen Kanton innerhalb des schweizerischen Bundesstaats wird. Es ist der Abwehrreflex gegenüber der Deutschschweiz, der die labile Tessiner Identität ab Mitte des 19. Jhs. einigermaßen zementiert. Die Tessiner merken, dass sie etwas Gemeinsames zu verteidigen haben: den Respekt der Staatsmacht gegenüber der italienischsprachigen Minderheit.

Trotzdem betrachten viele Deutschschweizer das Tessin gerne als Juniorpartner. Sie sehen in der Südschweiz ein exotisch-lebensfrohes Anhängsel ihres mitunter zu normalen Landes. Dieses väterliche Schulterklopfen des großen Bruders im Norden kränkt die Tessiner zutiefst. Nicht zuletzt deshalb ist die

❯❯ *Sommerabende am Steintisch im Grotto* ❮❮

Tessiner Gesellschaft eine faszinierende Mischung aus trotziger Abwehrhaltung und unschweizerisch frecher Öffnung. Obwohl die Scheidungsrate auch im Tessin mitteleuropäische Ziffern erreicht, hält sich die *famiglia* eisern als zentraler sozialer Bezugspunkt. Das sonntägliche Treffen von Kindern und Enkeln zum Schmause am Tisch der *mamma* gehört nach wie vor zum Standard. Auffallend häufig ziehen erwachsene Kinder, die selber Geld verdienen, erst zu Hause aus, wenn sie heiraten oder in fester Partnerschaft leben. Ungezwungene urbane Lebensformen wie Singlehaushalte oder Wohngemeinschaften gibt es nur selten. Das Tessin ist ein ländlicher Kanton: Man kennt sich, Söhne und Töchter treten beruflich oft in die Fußstapfen der Väter. Schwer tun sich Querdenker und Außenseiter: Wer nicht über Geld, Protektion oder den richtigen Familiennamen verfügt, tritt gesellschaftlich im Leeren. Hüterin der Unbeweglichkeit ist die Politik, die als ehrenwertes Tun gnädiger Herren und weniger Frauen zelebriert wird.

Auf der anderen Seite zeigt sich die lombardische Fröhlichkeit schon am Morgen im Bus – griesgrämige Gesichter, nördlich der Alpen die Regel, sieht man hier kaum. Trotz neoliberalem Mainstream wird im Tessin eine innovative Sozialpolitik umgesetzt, die in der Schweiz einmalig ist.

Auch nach Italien öffnet man sich wieder mehr. Der Tessiner Architekt Aurelio Galfetti notiert provokativ, das Tessin sei längst Bestandteil der Lombardei: »Die

Der Ponte dei Salti überspannt mit zwei kühnen Bogen die Verzasca

›Stadt Tessin‹«, sagt er, »reicht heute vom Mailänder Dom bis zum Gotthard-Hospiz.« Seine Architektenkollegen sowie besorgte Ökologen wünschen diesen unaufhaltsam wuchernden Siedlungskörper zum Teufel. Aber Galfetti sagt: »Für mich ist er eine Manifestation von Glauben an eine bessere Zukunft, von Wandel, von Ungleichgewicht und damit vor allem von Leben.« Die Offenheit und das Selbstbewusstsein, die das Verhältnis zu Italien lange prägten, lugen heute wieder hervor. Die Tessiner, viele mindestens zweisprachig, werden sich bewusst, dass sie zur interkulturellen Kommunikation, im modernen Europa gefragt wie noch nie, prädestiniert sind. Langsam verlassen sie ihre rückwärtsgewandte Verschlossenheit und beginnen, ihre kulturelle Sonderstellung im schweizerischen Kontext als Stärke zu verstehen. Dass sich einzelne hoch

qualifizierte Spezialbetriebe in Wachstumsindustrien wie Chemie, Pharmazie oder Elektronik durchsetzen, sind ermutigende wirtschaftliche Lichtblicke. Das Tessin, schon als sonniges Altersheim für Deutsche und Deutschschweizer abgestempelt, gewinnt ein dynamisches, jugendliches Gesicht, das sich im lebendigen Alltag in den Tessiner Städten niederschlägt. Und es ist dieses Tessin, das die Tessiner Sängerin La Lupa, die in der Deutschschweiz mit authentischen Tessiner Liedern Erfolge feiert, in sich trägt:

> **Das Tessin gewinnt ein dynamisches, junges Gesicht**

»Wir haben die Fähigkeit, uns lustig zu machen über andere und über uns selber. Das unterscheidet uns von Deutschschweizern.« Und das zeigt: Das Tessin ist mehr als die italienische Schweiz. Das Tessin ist auch ein Lebensgefühl, ein Bekenntnis zu Gelassenheit und Großmut, ein Wegweiser zu Wärme und Nachsicht. Ein Stück Hoffnung.

Von den Architekten bis zum Rustico

Notizen zu Kamelien und Kastanien, Eidechsen und dem Tessiner Licht

Architekten und Bildhauer

Das moderne Tessin ist berühmt für seine brillanten Architekten. Schon vor 500 Jahren waren Baukünstler aus dem Raum zwischen Lugano und Como europaweit gefragt. Ab dem 15. Jh. wanderten Baumeister, Stukkateure und Steinmetzen aus dieser Gegend aus und begründeten als geniale Renaissance- und Barockbaumeister ein ruhmreiches Kapitel der Tessiner Emigration. Domenico Fontana (aus Melide), Carlo Maderno (aus Capolago) und vor allem Francesco Borromini (aus Bissone) schufen in Rom bleibende Werte – unter anderem am Petersdom. Domenico Trezzini (aus Astano) konzipierte im Auftrag des Zaren die Stadt St. Petersburg. Die so genannten *maestri comacini,* die Meister aus dem Raum von Como, wurden zu einem Mythos der Tessiner Identität. Dass zeitgenössische Tessiner Architekten, deren schillerndster Vertreter Mario Botta (geboren 1943 in Mendrisio) von Tel Aviv bis San Francisco (und natürlich auch im Tessin) baut, zu den gefragtesten Köpfen ihrer Zunft

Solarkraftwerk? Planetarium? Kirche! San Giovanni Battista von Mario Botta in Mogno im oberen Maggiatal

zählen, wird als Fortsetzung der Tradition der *maestri comacini* verstanden. Fast logisch, dass das »steinreiche« Tessin auch hervorragende Skulpteure hervorgebracht hat. Aus Ligornetto stammt der wohl bekannteste unter ihnen: Vincenzo Vela (1820–91). Er schuf zahlreiche Marmorskulpturen, die die Doppelidentität der Tessiner zwischen Italien und der Schweiz ausdrücken. Vela modellierte mythische helvetische Figuren wie Wilhelm Tell, aber auch italienische Helden wie Antonio Garibaldi.

Fauna

Am schnellsten werden Sie bestimmt mit den Eidechsen Bekanntschaft machen, die sich auf den warmen Steinen der Trockenmauern sonnen. Gut möglich ist auch, dass Ihnen ein Skorpion über den Weg krabbelt – sei es in der Badewanne oder hinter einem Büchergestell. Furcht ist indessen nicht angebracht: Wenn Sie nicht gerade barfuß auf das Tier treten, passiert Ihnen gar nichts – und selbst der Stachel am Schwanzende kann Ihnen nicht viel anhaben. Schon etwas mehr Vorsicht ist bei Begegnungen mit Schlangen geboten – im Tessin kommen zwei giftige Spe-

Der Tessin und das Tessin

Der Fluss gab dem Kanton den Namen

Der Tessin ist der Fluss. *Das* Tessin ist der Kanton, der von ihm den Namen hat. Italienisch heißt beides Il Ticino. Der Tessin entspringt am Nufenenpass hoch im Tessiner Norden und mündet beim Ort Magadino, dem tiefsten Punkt des Tessins (193 m), in den Lago Maggiore. Seinen Namen behält der Fluss auch in Sesto Calende in Italien bei, wo er wieder aus dem See fließt. Sein Weg führt in die Region von Pavia, wo er in den Po mündet. Das Tessin ist einer von 23 Kantonen der Schweiz, mit einer Fläche von gut 2800 km^2 der fünftgrößte. Die Bevölkerungszahl beträgt 305 000. Amtssprache ist Italienisch, wobei Einheimische untereinander oft Dialekte sprechen. Das Tessin ist nicht deckungsgleich mit der italienischen Schweiz – zu Letzterer gehören auch noch vier italienischsprachige Täler im angrenzenden Graubünden. Jede vierte im Tessin lebende Person stammt aus dem Ausland, die meisten aus Italien.

zies vor: die Kreuzotter und die Juraviper. Zu Gesicht bekommt man sie jedoch nur ganz selten: Spüren sie die Erschütterungen von herannahenden Menschen, zischen sie von dannen. Nicht mehr zur Tessiner Fauna gehören die ehedem heimischen Bären, Wölfe und Luchse. Eingewandert sind dafür Hirsch, Reh und Wildschwein, die heute alle gejagt werden. Auch Kleinsäuger wie Siebenschläfer, verschiedene Mausarten und Fledermäuse bevölkern das Tessin. Auf den Seen hat sich – zum Leidwesen der Fischer – der Kormoran niedergelassen. Durch menschliches Zutun stark gewandelt hat sich die Wasserfauna: Der Felchen *(coregone)*, erst vor einigen Jahrzehnten eingeführt, ist heute so heimisch, dass er zum typischen Tessiner Speisefisch avancierte. Autochthone Spezies wie der Aal, schon immer heimisch, aber in jüngerer Zeit fast verschwunden, werden heute wieder in den Seen angesiedelt.

Flora

Die aus Ostasien stammende Kamelie gilt als die Botschafterin des Tessiner Frühlings: Sie beginnt unten an den Seen oft schon zu blühen, wenn in den Bergtälern noch tiefer Winter herrscht. Die Kamelien – und mit ihnen natürlich das Tessiner Südsymbol schlechthin, die Palmen – sind aber auch aus einem anderen Grund charakteristische Beispiele für die Tessiner Pflanzenwelt: Sie sind aus südlicheren Gefilden importiert und dank dem milden Klima problemlos heimisch geworden, genauso wie etwa Feigen-, Mandel-, Aprikosen- und Kiwibäume. Das Tessin ist ein botanischer Schmelztiegel aus Vertretern unterschiedlicher Vegetationszonen, die bis zu Pflanzen subtropischer Herkunft reichen. Wichtige Impulsgeber für die barock anmutende Pflanzenpracht des Tessins sind die zahlreichen botanischen Gärten an den Seen. Sie begünstigen die Ansiedlung im Tessin an sich nicht ansässiger immergrüner Pflanzenarten – unterstützt von der Klimaerwärmung, die sich im Tessin durch die sinkende Anzahl von Frosttagen manifestiert.

Kastanien

Kastanienwälder bilden die typische Landschaft der südalpinen Täler. Sie sind gleichzeitig Zeugen einer traditionellen Agrarkultur, die heute fast vergessen ist. Die Römer haben die Kastanie vor rund 2000 Jahren ins Tessin importiert. *Il castagno* hat die heimischen Birken und Eichen verdrängt und ist zur Tessiner Kulturpflanze schlechthin geworden. Während Jahrhunderten war das »Brot der Armen«, wie die Kastanie bezeichnet wurde, die Existenzgrundlage vieler Tessiner – in der kalten Jahreszeit ernährten sich die oft hungerleidenden Bauernfamilien in den Tälern praktisch ausschließlich von Edelkastanien. Die häufig auf terrassiertem Gelände angelegten Kastanienwälder wurden so aufwändig gepflegt wie heute Rebberge. Neben Früchten, Honig, Pilzen sowie Brenn- und Bauholz lieferten die Kastanienwälder auch Tannin zum Gerben von Häuten. Für die verschiedenen Bedürfnisse züchteten die Tessiner über 100 Sorten. Mit der Einführung von Mais und Kartoffeln im 19. Jh. veränderten sich die Ernährungsgewohnheiten, die Kastanie verlor ihre Wertschätzung. Heute sind die Kastanienwälder zwar immer noch schön, aber verwildert. Erst langsam beginnt man sich des Erbes zu besinnen und sammelt wieder vermehrt einheimische Kastanien. Ein lohnender Ausflug in die faszinierende Welt der Kastanie ist der Kastanienweg ab der Ortschaft Arosio im Malcantone. Eine deutschsprachige Broschüre hält der Verkehrsverein Malcantone in Caslano bereit.

Klima

Das Tessiner Klima streift mit seinen Extravaganzen sämtliche Extreme: Helles Licht kann schnell dunklem Schatten weichen. *La luce,* das Licht – das ist für viele das Tessin: Es macht den Himmel blauer, die Formen schärfer als anderswo. Die Sonne scheint auch deutlich länger als in Zürich, Stuttgart oder Mailand: langjährigen Statisti-

Dem einstigen Grundnahrungsmittel der Bergbauern ist heute ein Wanderweg im Malcantone gewidmet

ken zufolge rund 2000 Stunden jährlich. Die mittlere Jahrestemperatur beträgt über elf Grad. Der Schutz der hohen Alpenkette ermöglicht diese günstigen Klimabedingungen: Schlechtwetterfronten regnen sich meist an der Nordseite des Massivs ab, und trockene Fallwinde heizen das Tessin zum Treibhaus auf. Doch es kann auch ganz anders sein: In den Wintermonaten gibt es ausgerechnet in der »Sonnenstube« viele Dörfer, die hinter den hohen Bergen von der tiefer stehenden Sonne gar nichts mehr abbekommen. Und wenns regnet, dann richtig: Durchschnittlich fällt im Tessin doppelt bis dreimal so viel Regen wie in der Deutschschweiz oder in Deutschland – aber an deutlich weniger Tagen. Wenn der Tessiner Himmel seine Schleusen öffnet, dann wird es häufig ernst: Die unzähligen tief eingeschnittenen, engen Täler lassen die friedlichen Flüsse bei starken Niederschlägen in wenigen Stunden zu reißenden Strömen anschwellen. Erdrutsche und umgestürzte Bäume gehören im Tessin nach Regengüssen zum Alltag. Mitunter kommt es auch zu großen Überschwemmungen wie im Herbst 2000, als der Lago Maggiore über die Ufer trat und Locarno tagelang unter Wasser setzte. Pikanterweise hat im Tessin selbst der Sonnenschein seine Schattenseiten: Die Ozonbelastung der Luft steigt vor allem im Mendrisiotto auf die höchsten Werte der Schweiz an.

Musik
Lieder gehören zu den populärsten Tessiner Kulturgütern – melancholische, wenn sie von Armut und Auswanderung erzählen, fröhliche, wenn sie die Liebe besingen. Die Lieder haben keine Autoren, sie wurden von Generation zu Generation weitergegeben. Dieses traditionelle Volksgut stößt heute wieder auf Interesse – junge Tessiner Musikliebhaber machen sich bei alten Leuten auf die Suche nach dem wertvollen Schatz. Die Formation Vox Blenii, die oft im Tessin auftritt, repräsentiert diesen neuen Trend eindrücklich. Typische Tessiner Musikformationen sind die so genannten *bandelle* (Bläsergruppe mit Bass- und Handharmonika) sowie die einzigartigen Mandolinenorchester. Daneben gibt es zahlreiche Chöre.

Politik
Das Tessin hat als selbstständiger Kanton der Eidgenossenschaft eine alle vier Jahre vom Volk gewählte politische Vertretung: eine fünfköpfige Regierung und ein 90-köpfiges Parlament. Stärkste politische Kraft ist die liberale Freisinnig-Demokratische Partei, gefolgt von der Christlichdemokratischen Volkspartei.

Religion
Die Kirche spielt bis in den modernen Alltag eine tragende Rolle. Die Religion ist auch ein enges Bindeglied zu Italien: Bis Ende des 19. Jhs. steht das Tessin, obschon politisch längst in die Schweiz integriert, unter den Fittichen der Diözesen von Mailand und Como. Ein eigenes Bistum wird das Tessin erst 1934. 87 Prozent der Tessiner bezeichnen sich als Katholiken. Manifestationen tiefer Religiosität prägen die Tessiner Landschaft: Romanische, gotische und barocke Kirchen, teilweise mit wertvollen Fresken ausgestattet, finden sich noch in den abgelegensten Tälern, Marienstatuen wachen über gefährli-

che Bergwege, ausdrucksstarke Votivbilder danken für die Hilfe vom Himmel. Religiöse Traditionen werden bis heute gelebt – wie unter anderem die berühmten Osterprozessionen in Mendrisio eindrucksvoll bezeugen. Katholische Ethik wirkt auch in den Alltag hinein: Homosexuelle beispielsweise leben im Tessin ausgegrenzter als nördlich der Alpen. Konservative katholische Bewegungen sind ein politischer Machtfaktor. Rund sieben Prozent der Tessiner sind Protestanten. In Ascona, Locarno-Muralto, Bellinzona und Lugano werden allwöchentlich evangelische Gottesdienste in deutscher Sprache gehalten.

Rustico

Der *rustico* ist eine Tessiner Institution von höchstem Symbolwert: So nennen die Tessiner ihre Ferienhäuschen – ganz besondere Ferienhäuschen. Es sind heute nicht mehr genutzte Gebäude ehemaliger Maiensäss- oder Alpsiedlungen, meist trocken gemauerte, einfach konstruierte Kleinbauten, die nach dem Rückzug der Landwirtschaft aus vielen abgelegenen Flächen im Tessin zu Zehntausenden vor sich hinbröckeln. Unzählige Nachfahren von Bauernfamilien, vor allem aber auch Tessinliebhaber aus der Deutschschweiz und Deutschland, haben ihre *rustici* zu Zweitresidenzen umgebaut – die einen respektvoll gegenüber der traditionellen bäuerlichen Baukultur in jahrelanger Kleinarbeit, die anderen grob mit ortsfremden Baumaterialien samt Satellitenschüssel. Der *rustico,* ein ewiges Streitobjekt zwischen dem Tessin und der helvetischen Raumplanungsbehörde, verkörpert mehr als nur Nostalgie: Er zeigt die Verbindung vieler Tessiner zum Tal, aus dem sie stammen, zur bäuerlichen Vergangenheit ihres Kantons.

*Die »Villa im Tessin« wurde ab den Sechzigerjahren zum stehenden Begriff.
Nicht weniger schön und viel authentischer wohnt es sich im rustico*

Pasta und Polenta, Minestrone und Merlot

Kulinarische Ausflüge in eine exotisch anmutende bäuerliche Vergangenheit

Die traditionelle Tessiner Kost eignet sich schlecht für die raffinierte Haute Cuisine. Während Jahrhunderten ernährte sich die mehrheitlich ländliche und arme Bevölkerung im kargen Tessiner Berggebiet von Kastanien, landläufig auch »Brot der Armen« genannt, die in aufwändig gehegten Wäldern geerntet wurden. Daneben kam auf den Tisch, was die Äcker hergaben: Hafer, Roggen, Hirse und Gemüse, dazu vielleicht noch etwas Käse – deftige, raue Nahrung, die nicht zur Entwicklung einer feinen Gastronomie anregte. Die entscheidenden Impulse für die Tessiner Kochkunst kamen von Süden, aus der Lombardei. Aber die Tessiner Küchenmeister waren mehr als ihre italienischen Kollegen darauf bedacht, das ländliche kulinarische Erbe weiter zu pflegen – und haben damit die Tessiner Küche begründet.

Auf keinen Fall entgehen lassen dürfen Sie sich den Genuss einer herzhaften Polenta. Sie ist weit mehr, als die profane deutsche Be-zeichnung Maisbrei vermuten lässt. Polenta, von der Konsistenz her mehr Kuchen als Brei, ist ein Stück Tessiner Kultur – und vor allem ein Werk unendlich geduldigen Rührens. Vor dem 19. Jh. wurde die Tessiner Polenta mit den einheimischen Feldfrüchten Hirse (im Nordtessin) oder Buchweizen (im Südtessin) angerührt und im letzteren Fall *polenta negra* (»schwarzer Brei«) genannt. Erst mit dem Import des *granoturco,* wie der Mais auf italienisch heißt, wurde die Polenta zur heutigen Maisgrießspeise. Am besten schmeckt sie, wenn sie mehr als eine Stunde über offenem Feuer geköchelt wird – was allerdings immer seltener geschieht. Nahrhaft, wie sie ist, kann Polenta ohne weiteres nur mit etwas Käse gegessen werden. Das war in der traditionellen Tessiner Bauernküche auch üblich.

Pasta – Teigwaren – ist im Tessin wie in Italien in sämtlichen Spielformen erhältlich. Achten Sie unbedingt darauf, dass Sie in einem Haus zu Tisch sitzen, das mit *produzione propria, produzione casalinga* oder *fatto in casa* wirbt. Dann

Für Gaumen und Gemüt –
Pause im typischen Tessiner Grotto

Tessiner Spezialitäten

Lassen Sie sich diese Köstlichkeiten gut schmecken!

amaretti –
mundgerechte Mandelbiskuits

brasato al merlot –
Rindsbraten in Rotweinsauce

bülbora – Kürbissuppe, auch
zuppa di zucca genannt

camoscio in salmì –
Gämspfeffer, nur zur Zeit der Jagd
im Herbst auf den Speisekarten

capretto – gebratenes Zicklein,
ein traditionelles Ostergericht

cicitt –
traditionelle Ziegenfleischwürste

coniglio arrosto –
gebackenes Kaninchen

coregone in carpione –
Felchen (ein Süßwasserfisch) in
Kräuteressigmarinade, kalt als
Vorspeise serviert

funghi sott'olio –
in Öl eingelegte Pilze

gnocchi – aus Kartoffeln oder
Grieß und Mehl geformte,
nahrhafte Klößchen, serviert meist
mit Salbeibutter *(al burro e salvia)*
oder einer Tomatensauce

minestrone –
Gemüsesuppe mit Getreide,
Reis, Kartoffeln und Teigwaren

oss da mort –
harte Mandelbiskuits

ossibuchi in gremolata –
Kalbshaxen in Tomatenmarinade

pan cöcc – Brotsuppe

ratafià – Nusslikör aus in Grappa
eingelegten Walnüssen, mit Zimt,
Nelken und Vanille gewürzt

risotto (alla milanese) – Als
Tessiner Spezialität wird der Reis
mit einem Glas Rotwein an Stelle
des Weißweins im klassischen
Mailänder Rezept abgeschmeckt.
Ein stimmungsvoller kulinarischer
Genuss ist die in der Karnevalszeit
im Februar auf vielen Tessiner
Dorfplätzen gefeierte *risottata:*
Da gibt es meist gratis Unmengen
erstklassigen Risotto samt den
würzigen *luganighe.*

torta di pane – Altbackenes
Brot wird mit Eiern, *amaretti-*
Keksen, Milch, Zucker, Butter,
Pinienkernen, Sultaninen und
einem Schuss Grappa vermischt
und zu einem Kuchen gebacken.

tortelli di San Giuseppe – in
heißem Öl gebackene, süße Teig-
taschen. Traditionelle Delikatesse
am 19. März (San Giuseppe)

trota al forno –
im Ofen gebackene Forelle

kommen Sie zu hausgemachten Frischprodukten.

Jede Mahlzeit wird im Tessin mit einem *caffè* abgeschlossen – keinesfalls mit einem *cappuccino*, sondern mit ebenjenem kleinen, starken *caffè*, der außerhalb des italienischen Sprachraums einfach Espresso heißt. Im Tessin kommen Sie damit jedoch nicht weit: Ein schwarzer Espresso heißt hier *caffè liscio*, einer mit einem Schluck Milch *caffè macchiato*. Für eine gut geölte Verdauung empfiehlt sich ein *caffè corretto* – mit Grappa.

Und der Nachtisch? Auch da hat das Tessin eine Spezialität– neben der rustikalen *torta di pane* – zu bieten: den Panettone. Der wurde zwar in Mailand erfunden, aber die Tessiner Bäcker haben sich in den letzten Jahren dermaßen ins Zeug gelegt, dass sie zu Panettonevirtuosen avanciert sind. Der Weihnachtskuchen, drei bis vier Wochen haltbar, wird mittlerweile das ganze Jahr über produziert. Gehen Sie zu einem Bäcker und probieren einen aus seiner *produzione artigianale* (handwerklichen Produktion) mit. Danach werden Sie nie mehr einen industriell gefertigten, mit Konservierungsmitteln versetzten, über ein Jahr haltbaren Panettone kaufen, wie Sie sie im Winter in der Deutschschweiz und Deutschland in den Regalen der Warenhäuser finden.

Das Tessiner Lokal schlechthin ist der Grotto, ein einfaches Lokal, oft unter freiem Himmel. In den Grotti haben Sie am sichersten die Gewähr, auf typische, hausgemachte Gerichte zu stoßen. Gepflegt wird in den Grotti auch die Zwischenverpflegung, der *spuntino* – kosten Sie hier die typischen Tessiner Frischkäslein, die *formaggini,* mit einem Glas rotem *nostrano*-Wein oder den klassischen *piatto ticinese* mit Salami, rohem Schinken, Coppa usw. Grotti waren ehedem schattig gelegene Felskeller zur Lagerung von Nahrungsmitteln. Später fügte man Vorplätze mit Steintischen an, wo abends oder am Wochenende in kleiner Gesellschaft Frischkäse, Salami und Wein aus eigener Produktion genossen wurden.

Die Umwandlung in Freiluftbeizen kam ab Ende des 19. Jhs. auf. Viele Charakteristika des traditionellen Grotto sind Kundenwünschen geopfert worden: Das Speisenangebot wurde erweitert. Vielerorts sind heute Pizzen und Bratwürste zu haben, manchmal werden gar Pommes frites gebraten. Viele Tessiner haben mit dem liederlichen Umgang mit dieser Tradition Mühe – und es gehört zu den Widersprüchen der Tessiner Gegenwart, dass es heute vielfach die Touristen sind, die im Grotto das typisch Tessinerische suchen, dort aber oft kaum mehr Tessiner antreffen.

Der Weinbau ist aus der Tessiner Volkskultur ebensowenig wegzudenken wie die Grotti. Das an der Flasche angebrachte Qualitätszeichen »VITI« (Vini ticinesi) bürgt für echten Tessiner Merlot. Knapp 4000 Weinbauern pflegen ihre Reben zumeist auf Miniparzellen, 98 Prozent von ihnen als Nebenerwerbswinzer. Heute bestehen an die 90 Prozent des Rebbestandes aus Merlot. Von eher folkloristischer Bedeutung sind die *nostrano*-Weine. Die *nostrani,* die Sie vor allem in Grotti meist leicht gekühlt serviert bekommen, vermitteln vom Geschmack her etwas von der traditionellen Tessiner Weinkultur.

Exklusive Boutiquen und Delikatessen

Ein süffiger Merlot, ein duftender Panettone: Die schönsten Tessinsouvenirs gehen durch den Magen

Der Einkaufsbummel, und sei es nur der Wocheneinkauf für die Familie, wird in der romanischen Welt mit Lust zelebriert. Das Tessin macht da keine Ausnahme – Einkaufen ist ein soziales Ereignis. Die vier Shoppingspots im Tessin – Locarno, Lugano, Bellinzona und Ascona – sind Fundgruben, was exklusive und ausgefallene Geschäfte und Kunsthandwerker angeht. Freilich: In den Tessiner Einkaufsgassen dominiert die hohe und höchste Preisklasse. Ein amüsantes Sittengemälde ist der Bummel in den einschlägigen Territorien des Luxusshoppings so oder so – auch wenn man selber nicht über das Geld für einen Einkauf im großen Stil verfügt.

Gut hinschauen müssen Sie, wenn Sie Tessiner Kunsthandwerk kaufen möchten. Die Comunità Artigiani della Svizzera Italiana, der Zusammenschluss der lokalen Kunsthandwerker, hat ein Gütesiegel geschaffen, das Echtheit und Qualität garantiert. Traditionelle Handwerkszweige, die der Tessiner Bauernkultur entstammen, sind Korbflechterei, Töpferei, Woll-, Leder-, Holz- und natürlich Steinverarbeitung.

Schmuckauslagen in Locarno

Mit den »typischen« Tessinsouvenirs ist es so eine Sache: *Boccalini* und *zoccoli,* tönerne Weinkrüglein und Holzschuhe, oft industriell gefertigt und kitschig bemalt, werden zwar überall angeboten – repräsentieren aber ganz und gar nicht das moderne Tessin. Mit einem schön geschliffenen Stein, selber gesucht am Ufer eines Bergbachs, tragen Sie weit mehr Tessiner Ambiente nach Hause.

Freude bereiten Sie sich und Ihren Freunden zu Hause, wenn Sie eine der zahlreichen Delikatessen über den Gotthard entführen, etwa eine Flasche Rotwein oder Grappa – am besten suchen Sie einen genau aus Ihrer Urlaubsregion. Und veritable Gaumenfreuden sind *amaretti,* die kleinen, süßen Mandelkekse, und der Panettone, der luftige Hefekuchen.

Problemlos ist die Versorgung mit Gütern des täglichen Bedarfs. Allerdings verfügt längst nicht mehr jedes Dorf in den Bergtälern über einen eigenen Lebensmittelladen. In den größeren Gemeinden sind die schweizerischen Multis *Coop* und *Migros* sowie die Ladenkette *Innovazione* allgegenwärtig. Da es sich um nationale Ladenketten handelt, geht ihnen lokaler Charme ab.

Feste, Events und mehr

Feuerwerk und Freiluftkino, Risottoessen und Eselsrennen: Die Lebenslust regiert

Offizielle Feiertage

1. Januar: *Capodanno;* **6. Januar:** *Epifania;* **19. März:** *San Giuseppe;* **Lunedì di Pasqua** Ostermontag;

Schlemmerkarneval: risottata

1. Mai: *Festa del Lavoro;* **Ascensione** Christi Himmelfahrt; **Lunedì di Pentecoste** Pfingstmontag; **Corpus Domini** Fronleichnam; **29. Juni:** *Santi Pietro e Paolo;* **1. August:** *Festa Nazionale;* **15. August:** *Ferragosto;* **1. November:** *Ognissanti;* **8. Dezember:** *Immacolata Concezione;* **25./26. Dezember:** *Natale/Santo Stefano*

Feste und Veranstaltungen

Februar

Carnevale wird in ★ Bellinzona, Chiasso und Tesserete mit traditionellen Umzügen und mehrtägigen, ausgelassenen Festen gefeiert. Der farbenprächtige Umzug von König Rabadan in Bellinzona ist eine Parade der Tessiner Lebenslust. Zugleich gibt es während der Faschingszeit in zahlreichen Orten öffentliche Risotto- oder Polentaessen. Vor allem in **Insider Tipp** Ascona nimmt man gerne eine Warteschlange in Kauf, um direkt am See den schmackhaften Risotto mit den würzigen *luganighe* gratis in Empfang zu nehmen.

März

San Giuseppe: In zahlreichen Orten wird auf Dorfplätzen zum Tanz aufgespielt, überall werden *tortelli* (frittierte Mehlklöße) verkauft.

März/April

Am Gründonnerstag begleitet der lärmende Plebs Christus auf seinem Gang zum Kalvarienberg, am Karfreitag wird in einer stillen Prozession um den toten Christus getrauert: Die seit über 200 Jahren gefeierten ★ *Osterprozessionen* von Mendrisio am Gründonnerstag und Karfreitag sind ein weltbekanntes

Spektakel in der bezaubernden Kulisse der Altstadt von Mendrisio. Achtung: Die Prozessionen finden nur statt, wenn es nicht regnet.

April–Juni
Primavera concertistica: Klassische Konzerte begleiten den Frühling in Lugano.

Mai/Juni
Palio di Mendrisio: eine Kleinversion des berühmten Pferderennens von Siena. Reiter in mittelalterlichen Kostümen versuchen ihre mitunter störrischen Esel vorwärts zu bewegen. ==Ein sehr fröhliches Volksfest.==

Insider Tipp

Juni/Juli
New-Orleans-Festival in Ascona: Direkt am See findet alljährlich ein Jazzfestival statt.

Juli
Luganos ★ *Estival Jazz* bietet erstklassigen Sound aller Stilrichtungen unter dem Sternenhimmel zum Nulltarif an. Estival Jazz findet auf Luganos Piazza della Riforma sowie in Mendrisio, Tesserete, Montagnola und Agno statt.

August
Am 1. August (schweizerischer Nationalfeiertag) gibt es an den Seen eindrucksvolle *Feuerwerksspektakel.* Filmstars und Filmbegeisterte treffen sich Anfang August in Locarno und verwandeln das Städtchen für zehn Tage in eine Metropole: Das ★ *Festival Internazionale del Film* ist das viertgrößte Filmfestival der Welt mit der größten Leinwand Europas: Lassen Sie sich das einmalige Ambiente im Freiluftkino auf der pittoresken Piazza Grande nicht entgehen!

August–Oktober
Settimane Musicali: Die Musikwochen in Ascona mit bekannten Interpreten sind seit über 50 Jahren ein wichtiger Treffpunkt für Klassikfreunde.

September/Oktober
Winzerfeste in Bellinzona, Mendrisio und Lugano.

Oktober
Auf zahlreichen Dorfplätzen werden Kastanien geröstet und verkauft. Die *Castagnata* ist ein Fest für Groß und Klein.

Dezember
Zur Weihnachtszeit werden in vielen Dörfern liebevoll gestaltete *Krippen* aufgestellt. Besonders lohnend ist ein Besuch in der Gemeinde Vira im Gambarogno.

Großes Kino auf großer Leinwand

Die unscheinbaren Vorboten des Südens

Die schroffe Leventina, das sonnige Bleniotal und die liebenswert bescheidene Hauptstadt Bellinzona

Felswände, Nadelbäume, Sturmwinde – wenn man in Airolo im nördlichsten Tessin aus dem Autobahntunnel fährt, scheint der Süden noch fern. Das Tessin empfängt die Reisenden als eine Bergregion mit schroffen Zacken und engen Tälern. Nur etwas ist ganz anders: das Licht. *La luce* strahlt heller, stärker, intensiver als nördlich des Gotthards.

Seit 800 Jahren sind die Nordtessiner Täler von europäischem Interesse – wegen der *via delle genti,* des Wegs der Völker, wie die alpenquerende Gotthardroute pathetisch genannt wird. Die Nordtessiner Täler tragen heute schwer an ihrer Funktion als Transitkorridor. Die Landschaft ist durch die Verkehrsachsen beeinträchtigt, die Wahrnehmung der Reisenden beschränkt sich allzu oft auf den Blick aus dem Autofenster – zu Unrecht: Das Nordtessin, an dem der Massentourismus vorbeifährt, hat eine ungeschminkte, raue Echtheit bewahrt – und unzählige schöne Winkel, manchmal hoch oben und gut verborgen.

Über 800 Jahre zählt die Kirche Santa Maria del Castello von Giornico im Livinental

Schöne Patrizierhäuser zieren Bellinzonas lebendige Altstadt

BELLINZONA

Karte in der hinteren Umschlagklappe

[112 A–B3] Am Samstagmorgen pulsiert das Leben durch die unspektakuläre Hauptstadt des Kantons Tessin (231 m, 17 000 Ew.): *Tutta la città* trifft sich auf dem Wochenmarkt in den Gassen des historischen Stadtzentrums am Fuße des zentralen Burgfelsens. Bellinzona hat nichts vom touristischen Ambiente Locarnos oder vom mondänen Anstrich Luganos: Künstlichkeit und Schminke gehören nicht zum Repertoire der Hauptstadt. Gerade darum ist sie einen Besuch wert. Es sind die Bellinzonesi, die aus dem spröden Beamtenstädtchen eine lebendige *città* machen.

Das Castello Montebello in Bellinzona – eine Burg wie aus dem Märchen

Wer samstags zum Markt geht, entdeckt ein charmantes Städtchen – und kommt auch kulinarisch gut weg. Die Wirte im Zentrum servieren einen preisgünstigen Marktteller mit Tessiner Spezialitäten.

Ästhetisches Markenzeichen von Bellinzona sind die drei majestätisch auf Hügeln gebauten Burgen, zwischen denen sich die stark lombardisch geprägte Altstadt mit teilweise imposanten Patrizierhäusern entwickelte. *La turrita,* die Stadt der Türme, liegt an der strategisch wichtigen Verzweigung der beiden Alpenrouten über den Gotthard und den San Bernardino.

SEHENSWERTES

Burgen

★ Mit seinen drei mittelalterlichen Burgen *(alle Di–So 10–12.30 und 13.30–18 Uhr)* gehört Bellinzona zum Weltkulturerbe der Unesco.

Die Anlage ist eine Wucht. Bei gutem Wetter lohnt sich der Besuch schon allein der Aussicht wegen. Die höchstgelegene, *Sasso Corbaro,* von der Mailänder Familie Sforza 1479 erbaut, erlaubt einen Blick weit hinunter auf den Lago Maggiore. Das *Castello Montebello* (erbaut im 14. und 15. Jh.) beherbergt ein *archäologisches Museum.* Vorzeigestück der drei Burgen ist das *Castelgrande* (etappenweise im 13., 15., 17. und 19. Jh. erbaut), das mit seinen beiden markanten Türmen auf einer mächtigen Felsfaust über der Altstadt thront. Das Castelgrande ist vom renommierten Tessiner Architekten Aurelio Galfetti in den Achtzigerjahren brillant renoviert worden.

Palazzo del Governo

Das Mitte des 18. Jhs. erbaute ehemalige Ursulinenkloster am Rand des Stadtzentrums ist heute der Sitz der

Tessiner Regierung und Tagungsort des Parlaments. *Piazza Governo*

Teatro Sociale

Das Theater in Sichtweite des Regierungsgebäudes ist ein kunsthistorisches Juwel: Es ist das einzige erhaltene Theater der Schweiz aus dem 19. Jh. Das neoklassizistische Logentheater wird in Anlehnung ans Vorbild in Mailand auch »Piccola Scala« genannt. 30 Jahre lang bröckelte das Haus wegen politischer Uneinigkeit vor sich hin. In den Neunzigerjahren wurde es restauriert, seit der Saison 97/98 wird im »Sociale« wieder Theater gespielt. *Via Teatro*

MUSEUM

Villa dei Cedri

Die städtische Kunstgalerie, ausgesprochen hübsch gelegen im Stadtviertel Ravecchia in einem Park mit Zedern, versammelt Werke aus der Schweiz und Italien aus dem 19. und 20. Jh. *Di–So 10–12 und 14 bis 18 Uhr, Piazza San Biagio*

ESSEN & TRINKEN

Castelgrande

◁▷ Elegantes, durchgestyltes Restaurant auf dem imposanten Burgfelsen mit respektabler Weinkarte. Wegen der einmaligen Lage ist vor allem der *Grotto Ticinese* auf der Burgterrasse ein Muss. *Mo geschl., Collina di San Michele, Tel. 09 18 26 23 53, www.castelgrande. ch, Grotto €€, Restaurant €€€*

Malakoff

Kleines, feines Familienrestaurant im Viertel Ravecchia, zehn Minuten vom Zentrum. Besitzerin Rita Fuso steht in der Küche, ihr Mann Antonio besorgt den Service. Hervorragende Pastagerichte. Reservierung empfohlen. *So geschl., Via Bacilieri 10, Tel. 09 18 25 49 40, €€*

Osteria Pedemonte

Unscheinbares Restaurant hinter den Rangiergleisen des Bahnhofs Bellinzona. Im Innern ein kulinarischer Höhenflug in die italienische Küche. Italienischkenntnisse sind

---

MARCO POLO Highlights »Nordtessiner Täler«

★ **Bellinzonas Burgen**
Die majestätischen Wehrbauten sind schon von ferne ein faszinierender Anblick (Seite 28)

★ **Kirche San Carlo**
Kulturdenkmal mit Weitblick in der Abgeschiedenheit des Weilers Negrentino im Bleniotal (Seite 32)

★ **Sankt-Gotthard-Pass**
Der Tessiner Schicksalsberg gewissermaßen (Seite 37)

★ **Grotto al Sprüch**
Am Steintisch unter einem Felsen: Tessiner Romantik pur (Seite 33)

★ **Kirche San Nicolao**
Bedeutendstes romanisches Bauwerk im Tessin (Seite 35)

von Vorteil, da die Karte mündlich vorgetragen wird. Reservieren! *Sa Mittag und Mo geschl., Via Pedemonte 12, Tel. 09 18 25 33 33, €€*

EINKAUFEN

Cantina Sociale

Der trockene weiße Merlot namens Bucaneve (Schneeglöckchen) ist ein exquisites Mitbringsel. Die Genossenschaftskellerei in dem mit Bellinzona zusammengewachsenen Ort Giubiasco erlaubt einen Einblick in die vorzügliche Merlotproduktion der Umgebung. *Via Linoleum 11*

Samstagsmarkt

Großer Lebensmittel- und Handwerksmarkt mit Qualitätsprodukten aus der Tessiner Landwirtschaft. *Sa 7.30–12 Uhr, Piazza Nosetto/Piazza Collegiata*

ÜBERNACHTEN

Gamper

Zentral und mit ordentlichem Standard. Zum Hotel gehören eine Pizzeria und ein Straßencafé. *28 Zi., Viale Stazione 29, Tel. 09 18 25 37 92, Fax 09 18 26 46 89, €€*

Garni Moderno

Kleines, einfaches, zentral gelegenes Hotel vis-à-vis von Bellinzonas modernem Hauptpostgebäude. Geeignet vor allem für jüngere Gäste mit schmalem Budget. WC auf der Etage. *10 Zi., Viale Stazione 17 b, Tel./Fax 09 18 25 13 76, €*

Unione

Stattliches Hotel am Rand des Zentrums. *33 Zi., Via Guisan 1, Tel. 09 18 25 55 77, Fax 09 18 25 94 60, €€*

AM ABEND

Grotto Pasinetti

Szenelokal mit jungem und jung gebliebenem Publikum, oft heiße Livemusik. Wenn Sie E-Mails verschicken wollen, setzen Sie sich ins Internetcafé. *Di geschl., 4 km außerhalb in Gorduno, Tel. 09 18 29 02 96*

AUSKUNFT

Palazzo La Posta, Viale Stazione 18, 6501 Bellinzona, Tel. 09 18 25 21 31, Fax 09 18 21 41 20, www.bellinzona turismo.ch.

ZIELE IN DER UMGEBUNG

Calancatal   **[108–109 C–D 5–6,**
(Val Calanca)   **112 C1]**

Das kleine Calancatal gehört zum Misox und damit zum italienischsprachigen Teil des Kantons Graubünden. Geografisch, kulturell und sozial ist das Misox aber eng mit dem Tessin verknüpft – es beginnt nicht einmal 10 km nordöstlich von Bellinzona. Zum Calancatal fahren Sie zuerst nach Grono im Misoxer Haupttal, durch das die San-Bernardino-Autobahn A 13 führt. Von dort kurven Sie zwei Serpentinen den Hang hoch, dann biegt die Straße hinein in die Val Calanca – und weg sind Sie. Sie tauchen hinein in eine andere Welt, umgeben von Felsen, und hoch oben, ja, da sehen Sie den Himmel. Im Weiler *Bodio* steigen Sie aus, gehen hinunter an den Fluss und nehmen in einem natürlichen Becken der eiskalten Calancasca ein prickelndes Bad – direkt unter einer gigantischen Felswand. Lassen Sie auch die Gemeinde *Braggio* nicht aus: Sie ist, hoch über klaffenden Wänden klebend, nur mit

Badepause in Bodio: Die Calancasca lockt mit natürlichen Badebecken

der Seilbahn erreichbar. Für einige Nächte im wilden Tal sind Sie im Hotelrestaurant *La Cascata* in *Augio* bestens bedient *(10 Zi., Restaurant Mo geschl., Tel./Fax 09 18 28 13 12, €€)*. Das Calancatal ist vom Bahnhof Bellinzona aus in einer knappen Stunde auch mit dem Postauto zu erreichen.

Monastero di Santa Maria [112 B2]

Ein unvergesslicher Ausflug in die Welt der Spiritualität: Auf einem Felszahn hoch über der Ortschaft Claro im Rivieratal nördlich von Bellinzona steht das bescheidene Kloster der Heiligen Jungfrau Maria. Der Blick von diesem Balkon hinunter ins Tal des mächtiger gewordenen Ticino ist eindrucksvoll – und die Präsenz der Nonnen verleiht dem Ort eine geheimnisvolle Aura. Das knappe Dutzend Benediktinerinnen, das im Kloster lebt, hat sich einer strengen Klausur verschrieben. Gäste sind aber willkommen – und können vorzügliche, hausgemachte Süßigkeiten

kaufen. Das Kloster erreicht man in einem einstündigen Fußmarsch ab *Claro* oder – besonders schön – ab der Ortschaft *Lumino* am Eingang zum Misox. Von dort fährt ein Seilbähnchen auf die Monti di Saurù. In einer zweistündigen, leichten Höhenwanderung mit schönem Tiefblick gelangen Sie zum Kloster.

BLENIOTAL (VALLE DI BLENIO)

[108 A–B 3–5] *La Valle del Sole* – das Tal der Sonne: Die liebevolle Bezeichnung der Einheimischen für ihr Bleniotal ist kein leeres Versprechen. Das Bleniotal, das von Biasca hoch zum Lukmanierpass führt und die Dörfer Malvaglia, Dongio, Lottigna, Torre, Aquila und Olivone umfasst, ist eine Oase der Milde am Fuß des zweithöchsten Tessiner Bergs, eine reizvolle Kombination südlicher Wärme und alpiner Landschaft. Die Talschaft ist weit, offen gegen Süden, lieblich, mild. Und wie mild: Reben gedeihen hier bis fast auf 800 m. Im Bleniotal findet man Ruhe – und ein überraschend reiches kulturelles Erbe: romanische Kirchen, interessante Museen und rätselhafte Steingebäude. Vom Auto aus sind Vielfalt und Wärme des Bleniotals schwer zu entdecken: Zu Fuß, auf den über 500 km Wander- und Spazierwegen, kommen Sie dem Reiz des Tals näher. Das Bleniotal ist kein Tal, dessen Architektur das bescheidene, karge Leben der traditionellen Bergbauern reflektiert. Stattliche Palazzi beherrschen das Bild der kleinen Dörfer – nicht zuletzt darum, weil viele Emigranten ihre Ersparnisse in der Heimat investierten.

SEHENSWERTES

San Carlo

★ ◁▷ Ein Kulturereignis in traumhafter Lage: Die Bergkirche, deren ältester Teil im 11. Jh. gebaut wurde, liegt auf einer Terrasse neben dem Weiler *Negrentino* (828 m) oberhalb des Dorfs Acquarossa. Einen Besuch wert ist das Gotteshaus wegen der herrlichen Aussicht aufs Tal, wegen des romanischen Glockenturms und wegen der wertvollen Fresken, die die Entwicklung der lombardischen Kunst im Mittelalter mit prägten. Die Kirche erreicht man zu Fuß in einer knapp einstündigen Wanderung ab *Prugiasco*. Wer auf das Auto nicht verzichten mag, kurvt ab Acquarossa die Serpentinen hoch zum Parkplatz der Talstation des Sessellifts Nara und überquert zu Fuß die Brücke nach Negrentino.

MUSEEN

Ca' da Rivöi

Im ehemaligen Armenhaus in *Olivone* ist das interessant gestaltete volkskundliche Museum untergebracht. *April–Okt. Di–So 14–17 Uhr*

Museo di Blenio

Ein Heimatmuseum, dessen Gebäude schon einen Teil der Talgeschichte erzählt: Es ist das ehemalige Haus der Landvögte in der Ortschaft *Lottigna*, wo die Statthalter der Alten Eidgenossenschaft bis 1798 regierten. Im Innern wird Waffenkennern Interessantes geboten. *Ostern–Okt. Di–Fr 14–17, Sa/So 10–12 und 14–17 Uhr*

Im sonnigen Bleniotal wachsen die Reben noch auf Höhen von 800 m

ESSEN & TRINKEN

Arcobaleno
Das unscheinbare Haus in Olivone verrät die kulinarische Überraschung nicht, die drinnen wartet: feine, erfinderische Küche ohne Extravaganzen. Wer sich nicht losreißen mag, kann hier auch übernachten. *Di geschl., Via al Lucomagno, Olivone, Tel. 09 18 72 13 62, Fax 09 18 72 22 56, €*

Grotto al Sprüch
★ Es gibt sie nicht mehr, die echten Tessiner Grotti, heißt es. Doch: In *Ludiano,* auf der beschaulicheren, rechten Seite des unteren Bleniotals, gibts urige Grottoromantik unter einem mächtigen Granitblock, hausgemachte Würste und keine in Plastik eingeschweißte Speisekarte. *Mo geschl., Ludiano, von der Dorfstraße 10 Min. den Berg hoch, Tel. 09 18 70 10 60, €*

ÜBERNACHTEN

Centro Uomonatura
Ökohotel in betörender alpiner Landschaft in Acquacalda oben am Lukmanierpass. Der unermüdliche Tessiner Umweltpionier Luigi Ferrari hat das renovierte Berghotel zur Anlaufstelle für ökologisch interessierte Menschen in der Südschweiz gemacht. Für erholsame Tage in würziger Bergluft goldrichtig. *15 Zi., Nov. bis März geschl., Strada del Lucomagno, Acquacalda, Tel. 09 18 72 26 10, Fax 09 18 72 26 20, www.uomonatura.ch, €*

Albergo Olivone e Posta
Gutbürgerliches Haus mit freundlichem Empfang im Zentrum von Olivone, dem letzten wirklichen Dorf vor dem Lukmanier. Großer Garten. *25 Zi., Via al Lucomagno, Olivone, Tel. 09 18 72 13 66, Fax 09 18 72 16 87, €€*

AUSKUNFT

6716 Acquarossa, Tel. 09 18 71 14 87, Fax 09 18 71 15 12, www.blenio.com

ZIELE IN DER UMGEBUNG

Greina [108 B1]
Für die Liebhaber alpiner Naturschönheiten ein Muss. Die Hochebene der Greina sollte unter einem Stausee verschwinden, doch der Widerstand von Naturschützern in der ganzen Schweiz hat diese unberührte Landschaft, in der der Fluss frei mäandert, vor dem Verschwinden bewahrt. Auf die Greina – den Passübergang zwischen dem Tessin und Graubünden – führt eine beliebte Wanderroute: ab *Campo Blenio* durch das Camadratal gut 1000 Höhenmeter Aufstieg zum Greinapass, dann hinunter auf die Hochebene. Übernachtungsmöglichkeit in der *Terri-Hütte* des Schweizerischen Alpenclubs *(Tel. 08 19 43 12 05).* Der Abstieg erfolgt über den Luzzone-Stausee wieder hinunter nach Campo Blenio.

Malvagliatal (Val Malvaglia) [108 B–C 4–5]
↘ Wollen Sie erleben, welche Energie in einem Bergtal liegt, erfahren Sie das in der Val Malvaglia hautnah. Das kurze, unglaublich steile Seitental steigt hoch vom Ort *Malvaglia* (375 m) und endet auf dem Laghettopass (2646 m). Es verläuft unter den mächtigen Wänden der Bergkette, die vom höchs-

ten Tessiner Berg, dem Rheinwaldhorn (ital.: Adula, 3402 m), gekrönt wird. Man glaubt kaum, dass man hier ohne permanente Angst vor Felsstürzen leben kann – doch hier wohnen mindestens seit dem 14. Jh. Menschen, heute allerdings tun es ganzjährig nur noch wenige.

Eine mühelose Art, einen Blick in dieses gewaltige Tal zu werfen, ist eine Fahrt mit der neuen *Seilbahn (nur Sa/So 9.30–16.30 Uhr, Mountainbiketransport möglich),* die vom Dorf Malvaglia zum Weiler *Dagro* (1367 m) führt. Im *Ostello Monte Dagro (Dez.–März geschl., Tel. 09 18 70 20 32, €)* können Sie zu Tisch sitzen oder gar in einem der Mehrbettzimmer eine köstliche Bergnacht genießen.

LIVINENTAL (VALLE LEVENTINA)

[107 D–F 3–4, 108 A5] Auf den ersten Blick ist das Tal nichts anderes als ein lärmiger Behälter für die Transportwege der Nord-Süd-Achse: Über 6,5 Mio. Fahrzeuge, darunter zahllose schwere Brummer, dröhnen jährlich durch das enge Tal – Tendenz steigend. Viele Reisende sehen in dem schroff und wenig südlich wirkenden Tal, das von Airolo nach Biasca steil abfällt und die Dörfer Quinto, Faido, Chiggiogna, Chironico, Giornico und Bodio umfasst, keinen Grund zum Anhalten. Doch sie liegen falsch: Die raue Leventina hat sanfte Seiten – milde Hochebenen, interessante Kulturstätten und einige ausgezeichnete Gaststätten.

SEHENSWERTES

Caseificio del Gottardo
Die Schaukäserei, 1996 in Betrieb genommen, liegt gleich beim Ausgang des Gotthardtunnels in *Airolo.* Sie können die Produktionsstufen der Leventiner Halbhartkäse mitverfolgen – und Ihren *formaggio* sogar selber produzieren. Ihr Produkt wird fachgerecht gelagert, und Sie nehmen es ein paar Monate später,

Kühe in der Valle Leventina – in Airolo können Sie eine Schaukäserei besuchen

Rekordbau unter dem Gotthard

Von der Leventina aus wird am längsten Eisenbahntunnel der Welt gebohrt

Kurz vor der Ortschaft Biasca, wo die Leventina am schmalsten ist, entsteht das Südportal des längsten Eisenbahntunnels der Welt. Ab (frühestens) 2011 werden die Züge mit bis zu 250 km/h durch den 57 km langen Gotthard-Basistunnel rasen. Die Zeit raubenden Bergstrecken der heutigen Bahnroute gehören dann der Vergangenheit an. Derzeit ist der Tunnel eine faszinierende Baustelle unter dem Felspanzer des Gotthard. Das *Infocenter Alp-Transit (Tel. 09 18 80 01 05, www.alptransit.ch),* provisorisch in Faido angesiedelt, organisiert das ganze Jahr Besichtigungen der Tunnelbaustelle. Voraussichtlich 2003 wird in Pollegio beim Südportal ein spektakuläres Besucherzentrum eröffnet.

bei einem nächsten Tessinbesuch, mit. Der Schaukäserei angegliedert ist ein ausgezeichnetes, bei Einheimischen beliebtes *Speiserestaurant (tgl., Tel. 09 18 69 11 80, €€),* in dem nicht nur Käse serviert wird.

Dazio Grande

Das mächtige, aus dem 16. Jh. stammende ehemalige Zollhaus in *Rodi-Fiesso* an der Kantonsstraße zwischen dem Weiler Ambrì und Faido atmet den kulturverbindenden Geist der Gotthardroute. Aufwändig renoviert, ist das Haus seit 1998 ein Kulturzentrum, das die traditionelle Funktion des Dazio Grande, ein Treffpunkt zwischen Nord und Süd zu sein, wieder aufgreift. In der einfachen Gaststätte kommt man preiswert zu einem prima Mahl – und wer sich vom sympathischen Ambiente des Hauses angezogen fühlt, für den stehen fünf Doppelzimmer zur Übernachtung bereit *(Tel. 09 18 74 60 60, Fax 09 18 74 60 61, daziogrande @ticino.com, €).* Keinesfalls zu verpassen ist ein Spaziergang zur nahe gelegenen, spektakulären *Piottino-Schlucht.*

San Nicolao

★ Die als »Fotomodell« unzählige Male reproduzierte Kirche San Nicola in *Giornico* gilt als bedeutendstes romanisches Baudenkmal im Tessin. Beeindruckend ist vor allem, dass die im 12. Jh. aus imposanten Steinquadern gebaute und mit zahlreichen Fresken ausgestattete Kirche praktisch im Urzustand erhalten geblieben ist. Die Kirche erreichen Sie vom Ortszentrum aus zu Fuß, indem Sie den Ticino auf einer antiken Steinbrücke überqueren.

MUSEUM

Forte Airolo

Das gewaltige Fort oberhalb von Airolo, mit einem granitenen »Schildkrötenpanzer« geschützt, wurde Ende des 19. Jhs. gebaut und galt bis zum Ersten Weltkrieg als modernste Festung Europas *(geführte Besichtigungen Juli–Sept. Di–So 13.30, 14.30 und 15.30 Uhr).* Nur einen Steinwurf vom Fort entfernt erblicken Sie oberhalb von Airolo einen Militärbau in kurioser Rundbauweise: Es handelt sich um die 1995 fertig gestellte Kaserne Airolo.

ESSEN & TRINKEN

Grotto dei Due Ponti

In Giornico treffen Sie, von Norden kommend, auf die ersten Tessiner Reben – und mit ihnen auf die ersten Grotti. Im fabelhaft zwischen den beiden Ticinoarmen auf einem Inselchen gelegenen Grotto dei Due Ponti können Sie sich an Tessiner Wein und exquisit zubereiteten lokalen Spezialitäten gütlich tun. *Giornico, Di sowie Dez.–März geschl., Tel. 09 18 64 20 30, €€–€€€*

ÜBERNACHTEN

Albergo-Ristorante Defanti

Das Dorf Lavorgo zwischen Faido und Giornico ist wegen des großen Elektrizitätswerks keine Augenweide – aber Cesare Defanti macht dieses Defizit wieder wett. Sympathisches, traditionelles Familienhotel mit lukullischer Oase im Ristorante. *25 Zi., Strada San Gottardo, Lavorgo, Tel. 09 18 65 14 34, Fax 09 18 65 17 26, €*

Albergo-Ristorante Forni

Unkompliziertes Familienhotel mit alpinem Charme gegenüber dem Bahnhof von Airolo. Bekanntes Restaurant mit gepflegter Küche. *19 Zi., Via Stazione, Airolo, Tel. 09 18 69 12 70, Fax 09 18 69 15 23, www.forni.ch, €€*

AUSKUNFT

Via Stazione, 6780 Airolo, Tel. 09 18 69 15 33, Fax 09 18 69 26 42, www.leventinaturismo.ch

ZIELE IN DER UMGEBUNG

Bedrettotal
(Val Bedretto)   [106 B–C3]

Nirgends ist das Tessin so alpin wie hier, in dem kurzen Tal, das von Airolo zum Nufenenpass führt. Und nirgends wird die Ausgeliefertheit der Menschen gegenüber den alpinen Naturgewalten so deutlich sichtbar wie hier. Fast ein halbes Jahr liegt Schnee im Bedrettotal, das aus eng zusammengekauerten Dörfern besteht, die Lawinengefahr ist allgegenwärtig. Das Bedrettotal entdecken Sie am besten auf dem bequem zu wandernden Höhenweg, der weit weniger ausgelatscht ist als die berühmte Strada alta von Airolo nach Biasca. Lassen Sie sich von Airolo mit der Luftseilbahn hoch nach Pesciüm (1745 m) bringen; von dort wandern Sie auf dem markierten Weg westwärts. Je nach Tagesform steigen Sie früher oder später in eines der Taldörfer ab, von wo Sie das Postauto zurück zur Talstation der Seilbahn bringt. In der *Locanda Orelli (6 Zi., Nov.–April geschl., Tel. 09 18 69 11 40, €)* im Weiler *Bedretto* lassen die ausgezeichnete Küche und der Weinkeller keine Wünsche offen – und ein Bett steht auch für Sie bereit.

Lago Ritóm/
Parco Piora   [107 D–E 2–3]

Schon bei der Anfahrt in dieses Hochtal verschlägt es Ihnen den Atem: Mit der steilsten *Standseilbahn (Juni–Okt. tgl. 8.30–18.30*

Uhr) der Welt – maximale Steigung 88 Prozent – fahren Sie in einer guten Viertelstunde aus dem Dörfchen Piotta (1006 m) hoch auf 1793 m. Nach einem halbstündigen, auch für Kinder verkraftbaren Spaziergang können Sie, vor allem bei strahlendem Herbstwetter, einen der schönsten Anblicke in den Tessiner Alpen genießen: die gegenüber der rauen Landschaft der Leventina wohltuend sanften Gipfel der Val Piora, die sich im Ritóm-Stausee spiegeln. Das vom Nordwind abgeschirmte Pioratal ist, obwohl durch mehrere Stauseen sichtbar technisiert, ein ökologisches Juwel von majestätischer Schönheit. Die reiche und seltene Fauna und Flora des Tals hat wissenschaftliches Interesse geweckt, sodass ein alpines Forschungszentrum eingerichtet wurde. Im *Berggasthaus Cadagno* am gleichnamigen See kann man zünftig essen (beispielsweise den berühmten Piorakäse) und in einfachen Mehrbettzimmern rustikal übernachten *(Nov. bis Mai geschl., Tel. 09 18 68 13 23, €)*. Wers etwas gepflegter will, wendet sich ans Hotelrestaurant *Lago Ritóm* an der Staumauer *(11 Zi., Nov.–April geschl., Tel./Fax 09 18 68 14 24, €)*.

Sankt-Gotthard-Pass (Passo del San Gottardo) [106 C2]

★ Wer durch den Gotthard-Straßentunnel fährt, verpasst die Begegnung mit einem schweizerischen Mythos: dem Gotthardpass, dem Kreuzungspunkt der vier schweizerischen Sprach- und Kulturzonen. Wer Zeit hat, sollte sich die Fahrt ab Göschenen über den Pass nicht entgehen lassen. Oben auf der alpin anmutenden Passhöhe (2109 m), die meist von einem kühlen Wind bestrichen wird, warten ein sehenswertes *Museum* zur Passgeschichte *(Juni–Okt. tgl. 9–18 Uhr)*, ein Restaurant und das renovierte, einfache Hotel *Ospizio San Gottardo (22 Zi., Nov.–April geschl., Tel. 09 18 69 12 35, Fax 09 18 69 18 11, €)*. Romantiker und Nostalgiker können sich auf der fünfspännigen, legendären Postkutsche über den Gotthard führen lassen. Der exklusive Spaß kostet allerdings 597 Franken pro Person *(Tel. 04 18 25 61 53, www.gotthardpost.ch)*.

Zum Lago Ritóm gelangen Sie mit der steilsten Standseilbahn der Welt

Wilde Bergflüsse, milde Seeufer

Von den südlich-milden Seeorten Ascona und Locarno am Lago Maggiore zur herben Schönheit abgelegener Bergtäler

Lieblicher See, tosende Wasserfälle; sanfte Buchten, schroffe Bergtäler; mediterrane Palmen, alpine Schneefelder: Das Locarnese – die weltbekannten Ferienorte Locarno und Ascona mit ihren vielfingrigen Tälern – bezieht seinen unwiderstehlichen Charme aus diesen Gegensätzen. In wenigen Minuten gelangt man aus der mondänen Asconeser Boutique in archaisch-schlichte Bergdörfer fernab dieser Welt.

Verwinkelte Gassen und eine weitläufige Piazza: Locarno

Wasser in unterschiedlichsten Spielformen ist hier im Überfluss vorhanden – die pittoresken Bademöglichkeiten in den bizarr geschliffenen natürlichen Becken der wilden Bergflüsse garantieren prickelnden Genuss. Wiewohl man sich in Locarno und Ascona in Sichtweite zu Italien befindet – bella Italia ist ferner, als es scheint. Urbane, weltläufige *italianità* sucht man vergebens. Die Locarneser mögen sich nicht so recht ins Klischeebild des stolzen, fröhlichen Lateiners zwängen – es sind zurückhaltende, eher konservative, erdverbundene Menschen, von den kar-

Ein aussichtsreicher Höhenweg führt von Ascona hinauf nach Ronco

gen Bergtälern geprägt. Und: Die deutsche Sprache ist präsent, weil viele Deutsche und Deutschschweizer zugezogen sind.

Besiedelt war die Region um Locarno schon ab der Bronzezeit, wie Ausgrabungen im Locarneser Stadtteil Solduno beweisen. Später geriet die Region unter lombardischen Einfluss und gedieh mit dem alpenquerenden Verkehr. Heute ist das Locarnese allerdings von der Hauptverkehrsachse der Gotthardautobahn abgeschnitten. Das mag ein wichtiger Grund dafür sein, dass die Region – obgleich eines der meistbesuchten touristischen Ziele der Schweiz – ihren dörflich-provinziellen Charakter weitgehend bewahrt hat.

Von früh bis spät wogt das Meer der Flaneure über Asconas Uferpromenade

ASCONA

[111 D–E4] Man mag über Ascona (205 m, 5000 Ew.) gelesen und gehört haben, was man will: Beim Anblick von Asconas Fassade schlägt jedes Herz höher – diese Uferpromenade, gesäumt von gelb, rosarot und hellblau getünchten Häusern, das intensive Licht des Südens, die Palmen, die im Wind säuseln, das glitzernde Wasser und im Hintergrund die Schneeberge. Sein außergewöhnliches Renommee erhielt das Städtchen Anfang des 20. Jhs., als Exzentriker, Utopisten, Spinner und Vegetarier aus dem Norden den Monte Verità zu ihrer Experimentierwiese erkoren. Sie machten Ascona zum Trendreiseziel für Politiker, Künstler und Wissenschaftler: Der Geist der künstlerischen Avantgarde ist längst verflogen – geblieben ist die Fassade eines schicken Ferienortes, der sich weitgehend dem internationalen Allerweltsgeschmack angepasst hat.

Nostalgiker lassen am heutigen Ascona kein gutes Haar. Klar: Man riecht hier mehr teure Parfüms und hört öfter Deutsch als in anderen Tessiner Dorfgassen. Aber Ascona besitzt mit seiner einmaligen Lage und seiner Kombination aus dörflichem Charme und weltläufiger Internationalität zwei Vorzüge, die hohe Lebens- und Urlaubsqualität garantieren – nicht nur für Snobs mit dickem Geldbeutel.

SEHENSWERTES

Monte Verità

★ ☀ Nonkonformisten, die der starren bürgerlichen Gesellschaft den Rücken kehrten, machten Ascona Anfang des 20. Jhs. zum Hort gesellschaftlicher Utopien. Es entstanden »Lufthäuser«, Reformisten suchten nach dem dritten Weg zwischen Kommunismus und Kapitalismus, Naturisten schwebten nackt über die Wiesen auf dem phantastisch gelegenen Hügel. Vom Geist des Aufbruchs ist nicht mehr viel übrig. Die Aussicht auf den See allerdings – die ist geblieben. Heute wird auf dem Monte Verità ein Seminarzentrum der Eidgenössischen Technischen Hochschule betrieben. Die Kunst dagegen bleibt im Schatten: Der Kanton Tessin, Besitzer der Liegenschaft, hat die Pflege und Weiterentwicklung dieses mythischen Orts vernachlässigt. Umso wertvoller ist die Dokumentation dessen, was auf dem Monte Verità vor knapp 100 Jahren passierte. Die von Harald Szeemann geschaffene, eindrucksvolle Dauerausstellung zur spannenden Geschichte des »Bergs der Wahrheit« ist im *Museo Casa Anatta* sowie in der einst von Vegetariern erbauten Licht-Luft-Hütte *Casa Selma* auf dem Monte Verità zu sehen *(April–Okt. Di–So 14.30–18 Uhr, Bus ab Ascona).*

Eine empfehlenswerte Ergänzung zum Besuch auf dem Monte Verità ist ein knapp einstündiger ✹ Spaziergang auf dem aussichtsreichen Höhenweg ins hoch über dem Lago Maggiore gelegene Dorf *Ronco.* **Insider Tipp**

Teatro San Materno

Eine architektonische und künstlerische Attraktion an der Peripherie Asconas: Carl Weidemeyer schuf 1928 das Theatergebäude im Bauhausstil, das für die zeitgenössische Szene zu einem Fixpunkt wurde. *Via San Materno 3, Tel. 09 17 91 85 66*

MUSEEN

Museo Comunale d'Arte Moderna

Das Museum für moderne Kunst beherbergt verschiedene Sammlungen, unter anderem Werke von Paul Klee und Hermann Hesse, vor

---

MARCO POLO Highlights
»Locarnese«

★ **Monte Verità**
Der Hügel oberhalb Asconas, auf dem vor 100 Jahren ein geistiger Aufbruch stattfand, der Furore machte (Seite 40)

★ **Brissagoinseln**
Der zauberhafte botanische Garten auf dem kleinen Eiland im See (Seite 44)

★ **Bavonatal**
Insider Tipp Atemberaubendes Tal mit drohenden Felswänden und charmanten Dörfern (Seite 54)

★ **Madonna del Sasso**
Wallfahrtskirche mit herrlicher Aussicht (Seite 48)

★ **Kirche San Giovanni Battista**
Das großartige Kunstwerk des Stararchitekten Mario Botta in der rauen Bergwelt des Maggiatals (Seite 52)

★ **Flussbaden in der Verzasca**
Pittoreskes Sonnenbad auf einem glatt geschliffenen Felsen (Seite 57)

allem aber 70 Gemälde von Marianne von Werefkin, darunter ihr Porträt von Alexej von Jawlensky. *März–Sept. Di–Sa 10–12 und 15 bis 18, So 16–18 Uhr, Via Borgo 34*

Museo Epper
Das Museum zeigt Werke des schweizerischen Expressionisten Ignaz Epper und seiner Frau Mischa. *März–Okt. Di–Fr 10–12 und 15–18, Sa/So 15–18 Uhr, Via Albarelle 14*

ESSEN & TRINKEN

Grotto Baldoria
Der Name sagts: Baldoria bedeutet Ausgelassenheit. Hier zählt weniger die ausgetüftelte Speisekarte als die Stimmung. Man isst das (stets ausgezeichnete) Menü und basta. *Ostern–Sept. tgl., Via S. Omobono 9, Tel. 09 17 91 32 98, €*

Grotto Lauro
Rustikale Atmosphäre, Holzbänke und -tische und formidable Tessiner Kost. Mündlich vorgetragene Speisekarte, auch auf Deutsch. Kaninchen mit Polenta – ein Gedicht. Oberhalb von Ascona im romantischen Dörfchen *Arcegno. Mo geschl., Via Ceu, Tel. 09 17 91 42 96, €€*

Osteria Nostrana
Hier gibt es, an der Seepromenade wohlgemerkt, optimale Pizzen aus dem Holzofen in italienischem Ambiente und zum Dessert ein Stück von Großmutters Nusstorte. *Tgl., Lungolago Motta, Tel. 09 17 91 51 58, keine Reservierungen, €*

Hosteria San Pietro
Schlichtes, aber elegantes Lokal, etwas versteckt in einem Gässchen des Zentrums. Hausgemachte Pasta, garniert mit Saisonprodukten. *Mo geschl., Contrada Maggiore 6, Tel. 09 17 91 39 76, €€*

EINKAUFEN

Ascona ist das Reich der Boutiquen: Die kleine Altstadt braucht als gut dotierte Miniaturausgabe den Vergleich mit den großen Einkaufsstraßen von Mailand, London oder Paris nicht zu fürchten. Es gibt fast alles, was der große Geldbeutel begehrt. Speziellen Charme verleihen Ascona aber eine Reihe origineller, liebevoll und engagiert geführter Kleingeschäfte. Markt ist im Sommer dienstags von 10 bis 17 Uhr.

L'Agnellino
Am »Lämmchen« von Andrea Flütsch darf niemand vorbeigehen, der an hochwertigem Holzspielzeug interessiert ist. Ein Paradies für Onkel und Tanten. *Via Collegiata 6*

Bottega del Vino
Wer nicht direkt eine Kellerei aufsuchen will, ist bei Antonio Naretto gut bedient. Einfühlsame Beratung auch für nicht ausgewiesene Weinkenner. *Via Borgo 33*

Mercato Cattori
In *Losone* eine besuchenswerte Alternative zum Angebot der Schweizer Supermarktketten Migros und Coop vor allem im Lebensmittelbereich: ein farbiges Einkaufszentrum mit unverwechselbarer *italianità.*

ÜBERNACHTEN

Antica Posta
Unterscheidet sich angenehm von den protzigen Edelherbergen am Ort.

Kleine Boutiquen für den großen Geldbeutel: Altstadtbummel in Ascona

Klein, romantisch, gepflegt und im Herzen der Altstadt. *8 Zi., Nov. bis Feb. geschl., Via Borgo, Tel. 09 17 91 04 26, Fax 09 17 92 25 22, €€*

Giardino

Der rührige Hotelier Hans C. Leu, der das Giardino und die dazugehörenden beiden Toprestaurants zum Treff der helvetischen Prominenz gemacht hat, ist abgetreten. Doch sein Nachfolger Franz Reichholf führt das toskanisch inspirierte Haus in Leus Stil weiter. Wer das nötige Geld hat und opulente Originalität schätzt, ist hier richtig. *72 Zi., Nov.–Feb. geschl., Via Segnale, Tel. 09 17 85 88 88, Fax 09 17 85 88 99, www.giardino. ch, €€€*

Silvia Garni

Der Beweis, dass man auch mit schmalem Geldbeutel in Ascona ein Bett finden kann. Nicht optimal gelegen an der Umgehungsstraße, aber nur wenige Gehminuten von der Seepromenade entfernt. *17 Zi., Jan./Feb. geschl., Tel. 09 17 91 13 14, €*

Albergo Tamaro

Hier gibts Ascona à la carte in familiärer Atmosphäre. Paolo und Annetta Witzig führen die ehemalige Patrizierresidenz an der (abends allerdings nicht gerade totenstillen) Uferpromenade bereits in dritter Generation. *46 Zi., Nov.–März geschl., Piazza Motta 35, Tel. 09 17 85 48 48, Fax 09 17 85 29 28, www.hotel-tamaro.ch, €€ – €€€*

AM ABEND

Mad Wallstreet

🏃 Die vergnügliche Version der Börsenmanie: Die Getränkepreise steigen mit der Nachfrage – gut beraten ist, wer mit der Bestellung bis zum Crash wartet. Jugendliches, fröhliches, lautes Ambiente. *Nov.*

bis März geschl., Contrada Fontanelle 3

Casa Serodine, 6612 Ascona, Tel. 09 17 91 00 91, Fax 09 17 85 19 41, www.maggiore.ch. Ascona verfügt überdies über ein elektronisches Reservierungssystem für die Buchung von Hotels und Ferienwohnungen: *Ascona Direct, Tel. 09 17 91 00 91*

ZIELE IN DER UMGEBUNG

Brissagoinseln
(Isole di Brissago)   [111 D4]

★ Die beiden Inseln im Lago Maggiore vor der Ortschaft Brissago – Isola di San Pancrazio und Isola di Sant'Apollinare – sind veritable Naturparadiese. Pankratius ist der *botanische Garten (Ostern–Okt. tgl. 9* bis 17 Uhr; *www.isolebrissago.ch)* des Kantons Tessin. Aber was für einer! Rund 1500 Pflanzenarten werden hier gezogen – Spezies wohlgemerkt, die sonst nur in subtropischem Klima gedeihen. Der vorzügliche Windschutz der umgebenden Bergketten und das dank des Sees milde Mikroklima machen die Insel zum einmaligen botanischen Wunderwerk. Apollinar, das kleinere Eiland, ist fürs Publikum nicht geöffnet. Hier wird die Vegetation zu Forschungszwecken sich selber überlassen. Anlegen lassen hatte den Park auf der Isola San Pancrazio ab 1885 die exzentrische Baronin Antonietta Saint-Léger. Ihr leichtfertiger Umgang mit ihrem Vermögen zwang sie aber 1927, ihr feudales Zuhause zu veräußern. Der schwerreiche Hamburger Kaufmann Max Emden erstand darauf das Juwel und ließ den Palast, der heute noch steht, hochziehen. 1949 übernahmen der Kanton sowie die Gemeinden Ascona, Brissago und Ronco die Inseln.

Die Isole di Brissago werden von Ende März bis Ende Oktober von den Schiffen der Navigazione Lago Maggiore (ab Locarno, Ascona, Brissago) angesteuert *(Auskunft: Tel. 09 17 51 61 40).* Ab Porto Ronco und Ascona fahren *Taxiboote (Tel. 09 17 51 46 46).* Im Winter sind die Inseln nicht erreichbar. Von Anfang Mai bis Ende Oktober gibt es täglich um 14.30 Uhr unentgeltliche Führungen.

Cannobio/Luino
Sie gehören zum exotischen Reiz eines Aufenthalts in der Grenzregion – die Ausflüge ins benachbarte Italien. Das Städtchen *Cannobio* **[111 D5–6]** am westlichen Lago-

Brissagoinseln: Die Flora gleicht einem botanischen Schmelztiegel

Maggiore-Ufer ist ein kleines Juwel mit seinen farbigen Häusern im herausgeputzten, aber lebendigen Zentrum, seiner Piazza am See. Empfehlenswert ist der farbenfrohe Wochenmarkt am Sonntagvormittag. Ausschließlich wegen seines Marktes eine Reise wert ist hingegen *Luino* [114 A1] am östlichen Seeufer. Am Mittwoch füllt sich das Zentrum mit einer Unzahl von Marktständen. Ein Abstecher nach Luino lohnt sich vor allem für Lederwaren – auch wenn der Markt in der Hochsaison ein etwas aufgeblasenes Touristenspektakel ist. Empfehlenswert ist die Anreise zu beiden *mercati* ab Locarno/Ascona mit dem Schiff.

GAMBAROGNO

[111 E4] So heißt der rund 15 km lange Streifen auf der Südseite des Schweizer Beckens des Lago Maggiore bis zur italienischen Grenze. Auf den schmalen Deltas der Bergflüsse reihen sich die Dörfer Magadino, Vira, San Nazzaro, Gerra und Caviano aneinander. Der unkontrollierte Bau von Zweitwohnungen hat die Hänge überm See zwar bös verunstaltet – attraktiv bleibt der Flecken trotzdem. Die Nordexposition beschert dem Gambarogno lange Schatten im Winter: Ein Teil des Gebiets erhält dann wochenlang keinen Sonnenstrahl. Im Sommer dagegen macht die geschützte Lage das Gebiet zu einem Badeparadies.

SEHENSWERTES

Bolle di Magadino
Eine Seltenheit in Europa: ein weitgehend natürliches Flussdelta. Als Bolle di Magadino wird die Sumpflandschaft auf den Schwemmebenen der Flüsse Verzasca und Ticino bezeichnet. Das rund 2 km^2 große Terrain ist ein Naturschutzgebiet, das allerdings von einem Kiesabbauunternehmen in sträflicher Weise beeinträchtigt wird. Rund 300 Vogelarten nisten in diesem seit Anfang der Siebzigerjahre geschützten Gebiet. Es ist von Gordola oder von Magadino aus auf markierten Pfaden, die nicht verlassen werden dürfen, begehbar. Im Sommer organisiert das Verkehrsbüro Führungen. Auskunft: *Verkehrsverein Gambarogno, Vira, Tel. 09 17 95 18 66*

Parco Gambarogno

Insider Tipp

Paradoxerweise schafft gerade die winterliche Sonnenabsenz die Bedingung für ein botanisches Kunstwerk: Die Temperatur schwankt in der kalten Jahreszeit nur minimal. Das verhindert, dass die empfindlichen Pflanzen zu knospen beginnen und bei einem späteren Kälteeinbruch erfrieren. Der Baumzüchter Otto Eisenhut hat zwischen Piazzogna und San Nazzaro auf 17 000 m^2 einen botanischen Garten mit über 900 Arten (Kamelien, Magnolien, Azaleen, Pfingstrosen und Rhododendren) geschaffen. *Tgl. 9 bis 19 Uhr; Cheggio/Vairano*

ESSEN & TRINKEN

La Fosanella
Im Weiler Fosano auf einer Terrasse hoch über Vira – schon die Aussicht ist ein Genuss. Margherita und Ermanno Utz komplettieren das Erlebnis mit ihrer natürlich-kreativen Küche. *Mi und Jan.–März geschl., Fosano, Tel. 09 17 95 16 16,* €€

Rodolfo

Das kulinarische Highlight im Gambarogno. Im Gasthaus von Waldis Ratti werden weniger spitzfindig-exotische, sondern eher rustikal-delikate Gerichte auf den Teller gezaubert. Wer Lust auf Fisch hat, sollte hier nicht vorbeifahren. Reservieren! *So-Abend und Mo geschl., Vira, Tel. 09 17 95 15 82, €€€*

Cedullo

Seehotel im Wortsinn – das familiär geführte Haus mit aufmerksamem Besitzerpaar verfügt über einen eigenen Strand und ist deshalb für Familien mit Kindern besonders geeignet. *20 Zi., Via Cantonale, San Nazzaro, Tel. 09 17 94 24 44, Fax 09 17 94 28 48, www.cedullo.ch, €€*

Eine wildromantische Serpentinenfahrt führt ins abgelegene Indemini

Sass da Grüm

 Umweltbewusst-alternativ geführtes Hotel in privilegierter Panoramalage über dem Dorf Vairano. Die ideale Lösung für Leute, die sich ein paar Tage zurückziehen und zur Ruhe kommen wollen. Leckere vegetarische Menüs im Restaurant. *19 Zi., Nov.–März geschl., Vairano, Tel. 09 17 85 21 71, Fax 09 17 85 21 79, www.sassdagruem.ch, €€*

6574 Vira, Tel. 09 17 95 18 66, Fax 09 17 95 33 40, gambarogno@etlm.ch

Insider Tipp Indemini   [111 E5]

Ein lohnender Ausflug dem Himmel entgegen in die stille Peripherie. Die Ortschaft Indemini (939 m, 65 Ew.) ist ein Mythos: Sonnig und windgeschützt zwar, aber abgelegen wie sonst keine, erreichbar (auch mit dem Postauto ab Locarno) auf einer spektakulären Passstraße über Vira, verkörpert das geheimnisvoll klingende Indemini abenteuerliche Schmugglerromantik, knorrige Bergbauernnostalgie und urbane Rückzugsträume. Erst gegen Ende des Ersten Weltkriegs wurde es ans Straßennetz angeschlossen. Während der Jahre der Hochkonjunktur kam es zur großen Abwanderung. Aussteiger aus der Deutsch- und Welschschweiz füllten Indemini dann aufs neue mit Leben: Seit Anfang der Neunzigerjahre gibts wieder eine Dorfschule. Essen können Sie im *Ristorante Indeminese (Di-Abend und Nov. bis März geschl., Tel. 09 17 95 12 22, €)*, übernachten im *Ostello Gen-*

ziana (Tel. *09 17 95 12 22*, Fax *09 17 95 11 30*, €), einer einfachen, renovierten Herberge mit Mehrbettzimmern.

**Itinerario
agrituristico**   [111 F4, 112 A4]
Die Magadinoebene zwischen Bellinzona und dem Lago Maggiore ist das landwirtschaftlich am intensivsten genutzte Gebiet des Tessins. Der agrotouristische Lehrpfad, idealerweise mit dem Fahrrad zu absolvieren, führt Sie in ein unspektakuläres Tessin abseits des touristischen Rummels. Der Lehrpfad orientiert sich am rund 20 km langen Radweg zwischen Locarno und Bellinzona. Spezielle Wegweiser führen Sie zu den Bauernhöfen, wo Sie sich anhand der Schautafeln informieren. Nehmen Sie ein Picknick mit – am Ufer des Ticino gibt es zahlreiche lauschige Rastmöglichkeiten. Informationen und Karten zum Velowanderweg erhalten Sie bei den lokalen Verkehrsbüros oder bei *Ticino Turismo (Tel. 09 18 25 70 56)*.

LOCARNO

 Karte in der hinteren Umschlagklappe

[111 E4] Locarno in der ersten Augusthälfte: Da geht die Post ab. Das Städtchen (198 m, 15 000 Ew.) platzt aus allen Nähten, das internationale Filmfestival, das bedeutendste Kulturereignis der Schweiz, zieht alljährlich eine wachsende Zahl von Menschen an, die sich die unvergleichliche Atmosphäre im Freiluftkino auf der Piazza Grande vor der Megaleinwand nicht entgehen lassen wollen. Tessiner verziehen sich zu dieser Zeit mit Vorliebe in ihre *rustici* oben in den Tälern. Locarno im November: besinnliche Ruhe am Lungolago, wer nach 21 Uhr unter den Lauben wandelt, hört seine eigenen Absätze hallen. Locarno, das verträumte, mitunter provinzielle Städtchen, in dem jeder jeden kennt.

Locarnos glänzender Name als Touristenziel macht leicht vergessen, wie klein und unbedeutend es in Wahrheit ist. Die insgesamt 18 000 Ew. der zusammengewachsenen Agglomeration verteilen sich auf fünf selbstständige Gemeinden (Locarno, Muralto, Minusio, Brione, Orselina). Ehedem als Reiseziel für die ältere Generation bekannt, hat sich Locarno mit seiner reizenden, verwinkelten Altstadt in den letzten Jahren dank einer Flut von trendigen Kulturevents einen deutlich jugendlicheren Touch gegeben.

SEHENSWERTES

Castello
Das mittelalterliche Stadtschloss wurde von der Mailänder Herzogsfamilie Visconti gebaut. Der erhalten gebliebene Teil beherbergt heute das archäologische Museum der Region, unter anderem eine Sammlung römischer Glasgefäße. *April–Okt. Di–So 10–17 Uhr, Piazza Castello 2*

Grand Hotel Locarno
Geschichtsträchtiges Grandhotel im neoklassizistischen Stil mit wunderbarem Garten. Hier besiegelten Gustav Stresemann, Austen Chamberlain und Aristide Briand 1925 den Locarnopakt zur deutsch-französischen Verständigung und zur Friedenssicherung nach dem Ersten

Grand Hotel Locarno: Der neoklassizistische Palazzo wartet auf eine Sanierung

Weltkrieg. Das Haus ist seither schwer heruntergekommen. Eine Investorengruppe versucht, das prunkvolle Hotel wieder auf Vordermann zu bringen. *Via Sempione 17*

Madonna del Sasso

★ ◁▷ Der Aufstieg – zu Fuß auf dem Passionsweg oder per Standseilbahn – zur Wallfahrtskirche ist ein Muss: herrlicher Blick über Locarno und den See. Die Kirche entstand im 16. Jh. Im Innern ausgesprochen reiche Malereien, pittoresk sind die lebensgroßen Holzskulpturen in den Nebenräumen. *Via Santuario 2, Orselina, der funicolare fährt alle 15 Minuten von der Via Ramogna*

Piazza Grande

Kopfsteingepflastertes Stadtzentrum, gesäumt von einer Flaniermeile unter Arkaden, die an einen Uferweg erinnert – der sie einst auch war. Ehedem lag die Piazza am See-

ufer, bevor die Maggia das Delta vergrößerte und die Uferlinie verschob. Die Piazza wird leider meistens als Parkplatz missbraucht. Während des Filmfestivals in der ersten Augusthälfte, wenn der Platz zum Kinosaal wird, lässt sich erahnen, warum die Piazza der schönste Stadtplatz der Schweiz genannt wird. Das neue Postgebäude des Tessiner Architekten Livio Vacchini am Ostende des Platzes gibt zu leidenschaftlichen Diskussionen Anlass. Den Esprit der Piazza saugen Sie am besten in der Inbar *Verbano* an der Ostecke des Platzes ein.

MUSEUM

Casa Rusca

Die städtische Sammlung zeitgenössischer Kunst, die *Pinacoteca Comunale,* ist in einem stattlichen Haus aus dem 18. Jh. gleich neben der Kirche Sant'Antonio untergebracht. Interessant sind vor allem

die Bilder und Skulpturen des El-
sässer Dadaisten Jean Arp. *Di–So
10–17 Uhr, Piazza Sant'Antonio 5*

Insider Tipp
Il Boccalino

Johannes Lenz garantiert für kreative, bis ins Detail liebevolle Voll-
wertküche in einem originellen Alt-
stadthaus. Eine Entdeckung! Ange-
nehmes Ambiente, gepflegter Service. Reservierung empfehlenswert!
*Mi/Do sowie Sa-, So- und Mo-Mit-
tag geschl., Via della Motta 7, Tel.
09 17 51 96 81, €€*

Casa del Popolo

Kein kulinarischer Höhenflug, aber
solide, preiswerte Küche und gute,
unkomplizierte Stimmung. *Tgl.,
Piazzetta Corporazioni, Tel.
09 17 51 12 08, €*

Centenario

Ein unscheinbares Haus in der Res-
taurantzeile am Uferquai in Muralto – aber drinnen finden Gourmets
alles, was sie suchen. *So/Mo geschl., Lungolago Motta 17, Tel.
09 17 43 82 22, €€€*

Costa Azzurra

Außerhalb des Zentrums etwas versteckt im Stadtteil Solduno gelegen.
Sympathische Grottoatmosphäre,
empfehlenswert für Liebhaber von
Fleisch, das auf heißer Steinplatte
serviert wird. *Tgl., Via Bastoria 13,
Tel. 09 17 51 38 02, €€*

Lungolago

🏃 In dem ungezwungenen Lokal
treffen sich die jüngeren Locarnesi
zum Aperitif oder zur Pizza. *Tgl., Via
Bramantino 1, Tel. 09 17 51 52 46,
€*

Sie finden in der Altstadt kompeten-
te Antiquariate (etwa *Bellerio, Via
Sant'Antonio 11*) und coole Boutiquen *(Il Labirinto, Via Cittadella 16).*
Markt ist jeden Donnerstagvormit-
tag auf der Piazza Grande, alle 14
Tage außerdem samstags von 9 bis
16 Uhr in der Altstadt.

In Vino Veritas

Charmante Weinhandlung mit ausgesprochen freundlicher Bedienung
und über 100 Tessiner Weinen. *Piazza Grande 20a*

Libri Gatto Nero

Insider Tipp

Kleiner, deutschsprachiger Buchla-
den in der Locarneser Altstadt mit
hochklassigem Sortiment und kom-
petenter Beratung. *Via Rusca 4*

Città Vecchia

🏃 Ein Tipp für Leute mit schmalem
Budget mitten in der verwinkelten
Altstadt, einen Steinwurf von der
Piazza Grande. Jugendliche Atmo-
sphäre. *7 Zi., Nov.–Feb. geschl., Via
Torretta 13, Tel./Fax 09 17 51 45 54,
www.cittavecchia.ch, €*

Navegna au Lac

Direkt an der Seepromenade in Minusio, renovierte Zimmer, erstklas-
siges Restaurant – und der Haus-
herr Enrico Ravelli überzeugt mit
seinem rauen Charme. *20 Zi., Dez.
bis März geschl., Via alla Riva 2, Tel.
09 17 43 22 22, Fax 09 17 43 31 50,
www.navegna.ch/info.htm, €€*

Palagiovani

🏃 Die Locarneser Jugendherberge
hat jeglichen Wolldeckenmief abge-

legt und sich in ein einfaches, günstiges Hotel in einem lebendigen Haus mit Jazzschule und Lokalradio verwandelt. *Via Varenna 18, Tel. 09 17 56 15 00, Fax 09 17 56 15 01,* €

Villa Pauliska

Die herrschaftliche Villa mit phantastischem Seeblick bietet vier Zimmer in vier Farben, geeignet für Langschläfer und frisch Verliebte. Es gibt kein Frühstück im Haus, deshalb kann man ungestört einen Morgen im Bett genießen. Das Restaurant ist auch für sich einen Besuch wert: Die burschikos-sympathische Besitzerin Dalila Togni entwirft jeden Tag ein Menü aus marktfrischen Produkten. *4 Zi., Restaurant Mo geschl., Via Orselina 6, Tel. 09 17 43 05 41,* €€

AM ABEND

Bar Simba

Gegenüber der Pizzeria Lungolago. Aktueller Inschuppen (gelegentlich Livemusik), der junge Leute selbst aus Mailand anzieht. Eher gestyltes, aber tolerantes Publikum. *Mo geschl., Lungolago Motta 3a*

Bar Sport

Nicht nur am Abend ein beliebter Treffpunkt der Einheimischen mit Spontitouch ohne schicke Extras. Tischfußball und Flipper. Bunt gemischtes Publikum, viele Berufsjugendliche, zwanglose Atmosphäre. Guter Tipp für einen Imbiss: In der Sandwichbar nebenan ein *panino* besorgen und im *Sport* dazu etwas trinken. *Via della Posta*

AUSKUNFT

Largo Zorzi 1, Tel. 09 17 91 00 91, Fax 09 17 85 19 41, www.maggiore. ch

ZIELE IN DER UMGEBUNG

Centovalli   [110–111 C–D 3–4]

»Hundert Täler« heißt Centovalli auf Deutsch, was nur leicht

Ein landschaftliches Highlight: per Rad oder Bahn durchs Centovallital

übertrieben ist: Das wilde, gewundene, nur gut 10 km lange Tal, das zur italienischen Grenze in Camedo führt, ist ein landschaftliches Erlebnis, das mit Bahn, Auto oder Fahrrad erfahren werden kann. Erster Höhepunkt ist das Dörfchen *Intragna* (366 m, 900 Ew.), in dem der höchste *campanile* (Kirchturm) des Tessins steht. Lassen Sie keinesfalls einen Stopp in *Verdasio* aus. Von dort führen zwei Seilbähnchen in die Höhe: Das eine bringt Sie über die atemberaubende Schlucht hinweg ins romantische **Dörfchen Rasa,** das nur mit dieser Bahn erreichbar ist. Das andere führt hoch in die *rustico*-Siedlung **Monte di Comino.** Daselbst drängt sich ein Imbiss im *Riposo Romantico* auf – Nomen est omen. Ab Monte di Comino ist eine schöne, nicht schwierige, gut zwei Stunden dauernde Höhenwanderung nach *Costa* möglich, von wo ein weiteres Seilbähnchen hinunter nach Intragna führt.

Machen Sie den Ausflug ins Centovalli zum Erlebnis, indem Sie mit der privaten Centovallibahn ins italienische Domodossola fahren. Von dort können Sie mit der italienischen Staatsbahn nach Stresa fahren und von dort mit dem Schiff über den Lago Maggiore nach Locarno zurückkehren.

Monte Brè [111 E3]

Ein schmales Bergsträßchen führt hoch auf die »Veranda« von Locarno. Prächtiger Ausblick über den Lago Maggiore hinunter bis nach Luino.

Onsernonetal
(Valle Onsernone) [110–111 B–D3]

Man glaubt, ans Ende der Welt zu fahren auf der schmalen, mitunter steilen und kurvenreichen Straße, die ab der Ortschaft Cavigliano die neun pittoresken Dörfer von Auressio bis Spruga auf der Sonnenseite des Tals hoch über der Schlucht verbindet. Die *Bagni di Craveggia* – eine heruntergekommene Bäderanlage, die nur zu Fuß ab Spruga erreichbar ist – liegen fernab jeder Zivilisation. Der große Schweizer Schriftsteller Max Frisch lebte von 1962 bis zu seinem Tod 1991 im Onsernonedorf *Berzona* – in Nachbarschaft von Alfred Andersch, der ebenda begraben liegt. In den Siebzigerjahren siedelten sich in der von der Emigration entleerten Talschaft Deutschschweizer Aussteiger an, die nach Jahren des Konflikts mit Einheimischen heute integriert sind.

Eine außergewöhnliche Übernachtungsmöglichkeit ist der altehrwürdige **Palazzo Gamboni** *(2 Zi., Tel. 09 17 80 60 09, €€)* ganz hinten im Tal im Dörfchen *Comologno*. Günstiger, aber nicht minder fein ist die *Pensione Villa Olandese,* ein abgelegenes Haus bei der Ortschaft *Gresso* mit eigener Postautohaltestelle *(9 Zi., Nov.–April geschl., Tel. 09 17 97 14 33, Fax 09 17 97 19 10, €).*

Ponte Brolla [111 D3]

Hier, wo sich die Flüsse Maggia und Melezza vereinigen, kann man vieles tun, was in den Ferien Freude macht: im kühlen Fluss baden, **auf geschliffenen Felsen die Sonne anbeten** und ausgezeichnet essen. Wer – am besten mit der Centovallibahn ab Locarno – in Ponte Brolla eintrifft, geht entweder über einen kleinen Umweg über Tegna hinunter zum *Sandstrand Al Pozzo* oder begibt sich dem Lauf der Maggia entlang auf einen der großen Felsbrocken. Fürs Abendessen warten eine Handvoll ausgezeichneter Restaurants in Ponte Brolla – im *Ristorante Centovalli* der Familie Gobbi *(Mo/Di geschl., Tel. 09 17 96 14 44, €€)* wird ein traumhafter Risotto serviert. Wer übernachten will, tut das am besten im familiären, ruhigen, schön gelegenen *Hotel Barbatè* in *Tegna (10 Zi., Nov.–Feb. geschl., Tel. 09 17 96 14 30, Fax 09 17 96 25 30, €€)*.

Insider Tipp

Verscio [111 D3]

Das kleine Dorf auf dem Weg Richtung Centovalli ist mit einem Namen verbunden: Dimitri. Seit 1970 betreibt der berühmteste Schweizer Clown und Mime in Verscio (275 m, 900 Ew.) das *Teatro Dimitri (Tel. 09 17 96 25 44)* sowie eine Clown- und Artistenschule. In der Sommersaison gibt es ein hochkarätiges Programm. Zusätzliche Motivation für einen Besuch in Verscio: In der örtlichen *Bäckerei Peri* am Dorfplatz gibts die exquisitesten *amaretti* des Tessins – zum Beispiel mit Kirsch, Williams oder Champagner.

Insider Tipp

MAGGIATAL (VALLE MAGGIA))

[107 D4–6, 110–111 C–D 1–3] Das Tal hält alles für Sie bereit: Thrill und Relax, Prunk und Armut, Raues und Sanftes. Die Valle Maggia ist die Gigantin unter den Tälern des Locarnese, fast 50 km lang. Sie führt von den Palmen Locarnos zum eiskalten Gletscher des Basodino, vom Dorf Avegno über Maggia und Cevio bis ins Dörfchen Fusio

ganz oben im Tal. Das Haupttal am Unterlauf des Flusses Maggia ist ein breiter, über 20 km fast ebener Schrund zwischen schroffen Bergen. Hinten in den Seitentälern folgen fein verzweigte Einschnitte mit gewaltigen Höhendifferenzen. Gerade dort, wo Sie sich auf spektakulären Straßen in die Höhe schrauben, finden Sie sonnige Wiesen, wo man sie nicht mehr vermutet, Dörfchen, wo man keines mehr erwartet.

SEHENSWERTES

San Giovanni Battista

★ Sie ist zum weltweit berühmten Pilgerort für Architekturfeaks geworden und auch für Architekturbanausen einen Ausflug wert: die 1996 geweihte, vom Architekten Mario Botta konzipierte Kirche im Weiler *Mogno* zuhinterst im Tal bei Fusio. Kein Mensch erwartet mehr ein Meisterwerk moderner Architektur, wenn er nach unzähligen Haarnadelkurven die kleine Hochebene von Mogno erreicht. Das »Lichtauge zum Himmel« ist grandios – und seine Geschichte auch: 1986 war ein Schneebrett auf die bestehende Dorfkirche heruntergestürzt und hatte sie zerstört. Nach zehnjährigem Kulturkampf durfte Botta sein Gotteshaus bauen, das er als schlichtes Mahnmal gegen den Materialismus und das Zweckdenken unserer Zeit versteht. *April bis Okt. tgl. 9.30–17 Uhr; Parkplatz am Ortsende von Mogno Richtung Fusio*

MUSEUM

Museo di Valmaggia

Einladendes Talmuseum im Hauptort *Cevio,* unter anderem mit Votivbildern des berühmten Malers Gio-

Die MARCO POLO Bitte

Marco Polo war der erste Weltreisende. Er reiste in friedlicher Absicht, verband Ost und West. Er wollte die Welt entdecken, fremde Kulturen kennen lernen, nicht zerstören. Könnte er heute für uns Reisende nicht Vorbild sein? Aufgeschlossen und friedlich sollte unsere Haltung auf Reisen sein. Dazu gehören auch Respekt vor Mensch und Tier und die Bewahrung der Umwelt.

vanni Antonio Vanoni. *April–Okt. Di–Sa 10–12 und 14–18, So 14–18 Uhr*

ESSEN & TRINKEN

Grotto Mai Morire
Der »unsterbliche« Grotto – nicht zu übersehen an der Talstraße ins Dorf Avegno. Bei schönem Wetter sitzt man traumhaft an den Steintischen unter uralten Bäumen. Das Interieur hingegen ist etwas aufgesetzt tessinerisch. *Tgl., Nov.–Feb. geschl., Avegno, Tel. 09 17 96 15 37, €*

Grotto Vattagne
Bei Einheimischen beliebtes Lokal, gut versteckt: Am Taleingang wenige Meter nach dem Bahnübergang in Ponte Brolla müssen Sie scharf nach rechts abbiegen und ungefähr 1 km den Hügel hinauffahren. Ungezwungenes Ambiente und eine gute Gelegenheit, die typische Tessiner Küche zu versuchen. *Mo und Nov.–Feb. geschl., Ponte Brolla, Tel. 09 17 96 23 14, €€*

EINKAUFEN

Bottega dell'Artigianato
Eine der besten Möglichkeiten, zu lokalem Kunsthandwerk zu kommen. Rund 40 Kunsthandwerker aus dem Maggiatal präsentieren und verkaufen in der Kooperative von Cevio ihre Erzeugnisse. *Ostern bis Okt. Di–Sa 10–18.30, So 14–18 Uhr, Nov.–Feb. Di–Sa 10–18.30 Uhr, Cevio*

Panetteria Mattei
Den italienischen Weihnachtskuchen Panettone kaufen Sie mittlerweile in industrieller Ausführung in jedem Warenhaus. Es gibt aber auch den Panettone als vollendetes Kunsthandwerk – Renzo Mattei pflegt diese Passion hinten im Maggiatal in einer unscheinbaren Bäckerei in *Cevio.*

ÜBERNACHTEN

Antica Osteria Dazio *Insider Tipp*
Ganz am Ende des Maggiatals in Fusio steht dieses rustikal-elegante, alte Haus, in dem Sie den rau-sympathischen Charakter des Tals auf sich wirken lassen können. Vorzügliches Restaurant – versuchen Sie unbedingt den hausgemachten Brotkuchen! *5 Zi., Dez.–April geschl., Fusio, Tel. 09 17 55 11 62, Fax 09 17 55 16 62, €€*

Camping Bellariva *Insider Tipp*
Sie glauben, die Zivilisation weit hinter sich gelassen zu haben – und

haben doch alles, was Sie brauchen. Wunderbares Terrain direkt an der Maggia mit herrlichem Steinstrand fürs Flussbad. *146 Parzellen, Nov.–Feb. geschl., Gordevio, Tel. 09 17 53 14 44, Fax 09 17 53 17 64, www.campingtcs.ch, €€*

Uno Più

Gepflegtes Kleinod im vorderen Maggiatal im verwinkelten und sehenswerten Dorfkern von Gordevio. Ausgezeichnetes Restaurant *(Mo geschl., unbedingt reservieren!)* mit kreativer, gesunder Küche. Gemütliches, stilvolles Kleinhotel mit gepflegten Details, in das man sich für ein paar entspannende Tage gerne zurückzieht. *5 Zi., Jan./Feb. geschl., Gordevio, Tel. 09 17 53 10 12, Fax 09 17 53 26 58, €€*

Vom Grotto La Froda aus haben Sie den Wasserfall von Foroglio im Blick

6673 Maggia, Tel. 09 17 53 18 85, Fax 09 17 53 22 12, www.valle maggia.ch

Bavonatal (Val Bavona) [106 C4–6]

★ Derart unverdorben sehen Sie das Tessiner Berggebiet nur in diesem 12 km langen, bei Bignasco abzweigenden Seitental der Vallemaggia: senkrechte Felswände, schäumende Wasserfälle, hinter Felsen geduckte Steinhäuser in engen Minisiedlungen, kühle Grotti. Unbedingt sehen müssen Sie den *Wasserfall* beim Weiler *Foroglio,* der mit gigantischer Gewalt über die Felswand stürzt. Am besten tun Sie das vom pittoresken *Grotto La Froda* aus *(Nov.–April geschl., Tel. 09 17 54 11 81, €).* Ganz zuhinterst, in *San Carlo,* wo das kleinste Postamt der Schweiz steht, können Sie zu einem Ausflug ins Hochgebirge starten: Eine von den Elektrizitätswerken gebaute Seilbahn führt Sie von Juni bis Oktober in den *Talkessel von Robiei* (1891 m), der im Gegensatz zum Tal völlig technisiert ist: Eine Reihe von Stauseen illustriert, worin der ökonomische Nutzen des Berggebiets liegt. Der Ausflug nach Robiei lohnt sich trotzdem – wegen des herrlichen Anblicks des vergletscherten *Basodino* (3274 m), den alpinistisch Erfahrene auch besteigen können.

Bosco Gurin [110 A1]

Dunkel und demütig gruppieren sich die Häuser von Bosco Gurin (1503 m, 73 Ew.) an den Südhang – um möglichst viel Sonne zu erhaschen. Ein eindrucksvolles Bild haarscharf am Limit, wo menschliche Siedlungen in der rauen Bergwelt noch Bestand haben können. Das höchstgelegene permanent bewohnte Dorf im Tessin ist das einzige, in dem offiziell Deutsch gesprochen wird – Bosco Gurin wurde von aus dem Wallis eingewanderten Walsern im 13. Jh. gegründet. Die Geschichte des Bergvolks ist im *Museo Walser (Mai–Okt. Di–So 9 bis 11 und 14–17 Uhr)* dokumentiert. Lohnend ist ein Rundgang im Dorf – die aneinander gebaute Stallreihe am Westrand der Siedlung hat die Funktion eines Lawinenschutzes.

Seit einigen Jahren versucht ein waghalsiger Unternehmer, das vom Aussterben bedrohte Dorf in eine moderne Wintersportstation zu verwandeln. Das sorgt für hitzige Debatten – und skurrile Projekte. Das winzige Dorf soll vom benachbarten Formazzatal mit einer unterirdischen Bergbahn erschlossen werden, damit mehr Touristen aus Norditalien angezogen werden. Der Ausbauwahn hat indessen auch Vorteile: Die Sesselbahn befördert Wanderer bequem auf die Grossalp (2000 m, *www.bosco-gurin.ch*) ins ☙ *Panoramarestaurant,* und im Dorf steht ein ganzjährig geöffnetes Hotel für eine kristallene Bergnacht offen *(Albergo Walser, 21 Zi., Tel. 09 17 59 02 02, Fax 09 17 59 02 03, grossalp@bluewin.ch, €).*

VERZASCATAL (VAL VERZASCA)

[111 E–F 1–3] Dieses smaragdgrüne Wasser! Es macht aus diesem engen Tal mit den gewaltigen, drohend wirkenden Felswänden eine spektakuläre, anziehende, unverfälschte Naturschönheit. Der Einstieg ins Verzascatal lässt solches nicht vermuten: Die große Talsperre oberhalb von Gordola begrenzt einen mächtigen Stausee, in dem mehrere Dörfer »ertränkt« wurden. Doch weiter hinten hat das Tal seine schlichte Schönheit behalten, die einen Besuch in jedem Falle lohnt – möglichst an einem Wochentag, da im Sommer an schönen Wochenenden der Ausflugsverkehr dem Tal die Ruhe nimmt. Vielen ist das Verzascatal bekannt aus den beiden Kinderbüchern »Die schwarzen Brüder« über die Verzascheser Kaminfeger der ins Tessin exilierten deutschen Autorin Lisa Tetzner.

SEHENSWERTES

Corippo
Minisiedlung eng aneinander gebauter Steinhäuser in der vorderen Talhälfte, die wegen ihrer architektonischen Einheit unter Heimatschutz steht.

Ponte dei Salti
Sie ist eine der Ikonen der Tessiner Tourismuswerbung und das vielleicht meistfotografierte Objekt der Tessiner Alpen: die mittelalterliche Brücke – eigenartigerweise römische Brücke genannt –, die bei *Lavertezzo* in zwei Bogen die Verzasca überspannt. Trotzdem: eine Augenweide.

Santa Maria Assunta
Eine Trouvaille im Dorf *Brione:* Obwohl das Tal abgelegen und schwer erreichbar war, wurde schon im 13. Jh. diese Kirche mit wertvollen Fresken erbaut.

Merlot

Die Renaissance des Tessiner Weins

Rebellische, ehrgeizige Winzer haben vor 20 Jahren begonnen, Qualitätsdenken in den Tessiner Weinbau einzuführen. Heute sind Tropfen mit klingenden Namen wie »Rompidee« oder »Sinfonia« veritable Gedichte. Und in jedem Merlot schwimmt der Tessiner Geist des Widerstands – gegen freudlosen Kommerz und herzlose Massenproduktion. Über 4000 Weinbauern pflegen ihre Reben meist im Nebenerwerb und auf Miniparzellen. Und der Wein ist nicht alles: Aus dem Trester wird Grappa gebrannt, der wiederum als Basis für einen kulinarischen Musenkuss dient: den Nusslikör mit dem schmetternden Namen Ratafià. Hingehen, degustieren! www.ticinowine.ch

Sentiero per l'arte

Innovative Aufwertung des rechtsufrigen Talwanderwegs. Entlang des 4,5 km langen Abschnitts zwischen Lavertezzo und Brione auf dem herrlichen, leicht zu begehenden »Sentierone« haben im Jahr 1997 21 Künstler 30 Skulpturen und Installationen geschaffen, die nun erwandert werden können. Die Freiluftausstellung bleibt dauerhaft bestehen – die Werke wurden bereits im Bewusstsein geschaffen, dass Zeit, Klima und Mensch sie verändern werden. Dauer der Wanderung: zweieinhalb Stunden.

MUSEUM

Museo di Val Verzasca

Eindrucksvolle Darstellungen des harten Lebens der Vorväter. *Mai bis Okt. tgl. 11.30–16.30 Uhr, Sonogno*

ESSEN & TRINKEN

Grotto Osteria al Bivio

Unmittelbar unterhalb des Dörfchens Corippo gelegen. Berauschender Blick in die Schlucht der Verzasca, dazu herzhafte Polenta mit *brasato. Mo und Nov.–März geschl., Vogorno-Corippo, Tel. 09 17 46 16 16, €*

Grotto Efra

Salametti und *formaggini* für den Gaumen, der Wasserfall fürs Auge und die Sonne fürs Gemüt. Zuhinterst in der Val Verzasca, ein Lokal nicht zum gediegenen Dinieren, aber zum Sitzen und Die-Zeit-Vergehenlassen. *Nov.–April geschl., Sonogno, Tel. 09 17 46 11 73, €*

EINKAUFEN

Pro Verzasca

In *Sonogno,* führt die lokale Handwerkervereinigung Pro Verzasca ein Geschäft, in dem örtliches Kunsthandwerk sowie handgesponnene Wolle verkauft werden. *April–Okt. tgl. 10–17 oder 18 Uhr*

Kathrin Rüegg

Im Dorf *Gerra* lebt die umstrittene Aussteigerin mit dem Pseudonym

Kathrin Rüegg, die mit romantisch-verklärten Büchern über das ländliche Tessin großen Erfolg erzielte. Sie beschwor dabei ein armes, bäuerliches, naives Tessin, was viele Tessiner verärgerte. Rüegg verkauft in ihrem Geschäft *El Boteghin* aber auch Kunsthandwerk.

ÜBERNACHTEN

Alpino
Schönes Haus mit Pergolagarten im Talschluss in Sonogno, wo es am ruhigsten ist. Familiäre Atmosphäre. *8 Zi., Sonogno, Tel. 09 17 46 11 63, Fax 09 17 46 10 17, €*

Vittoria
Nur einen Steinwurf vom Hotspot des Verzascatals, dem Ponte dei Salti von Lavertezzo, entfernt ein renoviertes, altes Tessiner Haus mit rustikalem Interieur, einfachen Zimmern und aufmerksamen Gastgebern. Gutes Restaurant – die *piccata al Marsala* zergeht auf der Zunge. *9 Zi., Lavertezzo, Tel. 09 17 46 15 81, € – €€*

SPORT & FREIZEIT

Baden und Tauchen
★ Das Verzascatal ist das Mekka der Taucher und Sonnenbader. Die pittoresken Formen, die der Fluss in sein Gneisbett geschliffen hat, konstituieren eine einzigartige Unterwasserwelt.

Allerdings: Der lieblich dahinfließende, harmlos scheinende Fluss birgt tödliche Gefahren. Unterirdische Abflüsse verursachen auf kleinster Distanz variierende, kaum wahrnehmbare Sogverhältnisse. Wer in einen Strudel gerät, hat meist keine Chance, wieder herauszukommen. Jedes Jahr sterben mehrere Menschen in der Verzasca. Das Gleiche gilt für Sonnenbadende: Die geschliffenen Steine sind glatt. Wer am falschen Ort ausrutscht und ins Wasser fällt, schwebt in Lebensgefahr. Die Behörden des Verzascatals haben die Unfallprävention in den letzten Jahren verstärkt.

AUSKUNFT

6598 Tenero, Tel. 09 17 45 16 61, Fax 09 17 45 42 30, www.tenero-tourism.ch

Großartige Badefreuden verheißt die Verzasca mit ihrem smaragdgrün leuchtenden Wildwasser zwischen den glatt geschliffenen Gneisbrocken

Schicke Grandezza, grüne Idylle

Die reiche und selbstbewusste Stadt Lugano überrascht mit ihrem wildromantischen Hinterland

Für viele fängt das Tessin erst hier so richtig an: hier, südlich des Monte Ceneri, der die kleine Tessiner Welt in eine nördliche und eine südliche Hemisphäre teilt. Im Norden, dem Sopraceneri, da sind sie noch halb Deutschschweizer, sagen sie im Sottoceneri – und wirtschaftlich hätten sie auch nichts drauf. Halt, tönt es aus dem Sopraceneri zurück, die da unten, im Sottoceneri, seien unverschämt geld- und machtgierig, unfähig, Wert und Kultur des Berggebiets richtig einzuschätzen. Wer den Ceneri überquert, tritt in eine neue Welt. Die Landschaft wird sanfter, die Felsen machen (mitunter allerdings steilen) Hügeln Platz, die brachialen, in den Granit geschrammten Täler des Nordens weichen den filigraneren, in weicheres Gestein gefressenen *valli* des Südens. Italien wird greifbar. Und man merkt auf Schritt und Tritt, dass man ins Einzugsgebiet der wichtigsten Tessiner Stadt, Lugano, gerät. Die Talböden sind immer dichter mit Industrieanlagen bebaut, bald kommen Wohnblöcke ins Blickfeld, welche die Schlafstädte des Ballungsgebiets ankündigen.

Blick über den Luganer See auf den Hausberg Monte San Salvatore

Lugano liegt südexponiert an einer geschwungenen Bucht des Sees

Lugano ist das unbestrittene Zentrum des Tessins – und die Luganesen wissen es. Sie tragen die schicke Grandezza gerne zur Schau.

Wer das Luganese aber mit dem urbanen Ambiente Luganos gleichsetzt, greift zu kurz. Das Tessin hat auch hier Überraschungen parat: Man braucht kaum eine halbe Stunde, um vom internationalen Bankenplatz Lugano etwa ins wilde, grüne Idyll des Malcantone einzutauchen.

LUGANO

 **Karte in der hinteren Umschlagklappe**

[115 D1] Wer während der Mittagsstunde in Luganos Zentrum flaniert, begreift sofort: Hier, in der *Regina*

del Ceresio (Königin des Luganer Sees), wie sich Lugano gerne nennt, weht italienischer Geist. Männer schlendern im Maßanzug und mit lässiger Sonnenbrille daher, Frauen im gestylten Zweiteiler und mit edlem Schmuck. Die Stadt, die mit den Randgemeinden 80 000 Ew. zählt, gibt sich elegant, mondän, souverän, selbstbewusst.

Dass man in Lugano (272 m, 26 000 Ew.) so selbstverständlich mit Superlativen umgeht, erstaunt nicht: Die südexponierte Lage an der geschwungenen Seebucht zwischen den Hausbergen San Salvatore und Brè sucht ihresgleichen. Ein Cappuccino in einem Straßencafé an der zentralen ★ Piazza della Riforma im Spätherbst oder Spätwinter gehört zum Schönsten, was das Tessin zu bieten hat. Wenn die Bergkuppen schon oder noch Schnee tragen, kann man an Luganos Piazza getrost die Ärmel hochkrempeln.

Diese außergewöhnliche Lage war seit jeher ein Magnet für Vermögende – die zahlreichen prunkvollen Villen und Palazzi, oft mit Arkaden versehen, verleihen der Stadt eine gewisse Grandezza. In den vergangenen 30 Jahren, während deren Lugano zum wichtigen Finanzplatz aufstieg, zerstörten Spekulation und Baufieber das Gesamtbild der Stadt nachhaltig. Die historische Bausubstanz gilt wenig – wie sich etwa am vor sich hinbröckelnden, architekturhistorisch bedeutenden Hotel Palace an der Uferstraße Richtung Paradiso zeigt.

SEHENSWERTES

Altstadt
Wer mit dem Zug nach Lugano reist, hat Gelegenheit, buchstäblich in die Stadt einzutauchen: Der Bahnhof liegt nämlich hoch über der Altstadt. Die altertümlich wirkende Standseilbahn führt von dort hinunter auf die Piazza Cioccaro, ins Herz der verkehrsfreien Altstadt. Eine lohnende Alternative ist ein kurzer Spaziergang auf den Zickzackgässchen hinunter in die City.

Parco Tassino
Erhabener, ruhender Pol inmitten hektischen Verkehrs: Der Tassinopark liegt auf einer Anhöhe oberhalb des Bahnhofs und ist zu Fuß problemlos erreichbar. Schöne Aussicht auf den See. *Via Tassino*

San Lorenzo
Von der Terrasse bei der Kathedrale San Lorenzo mit ihrer prunkvollen Fassade aus dem 16. Jh. blickt man über die Dächer Luganos. *Auf dem Weg zwischen Bahnhof und Altstadt, Via Borghetto 1*

Santa Maria degli Angioli
Das Kirchlein wird von der protzigen Ruine des ehemaligen Albergo Palace fast erdrückt. Im Innern glänzt es aber mit einem wertvollen Fresko von Bernardino Luini aus dem 16. Jh. *Via Luini*

Villa Ciani und Parco Civico
Die Villa Ciani atmet Luganeser Geschichte und Weltläufigkeit. Die vermögenden Gebrüder Giacomo und Filippo Ciani, Söhne einer nach Mailand emigrierten Tessiner Familie, flüchteten 1833 in das herrschaftliche Haus am Luganer See. Sie gewährten in den Jahren des politischen Aufbruchs Vertriebenen Unterschlupf und förderten den Fortschritt auch im Tessin. Heute beherbergt die klassizistische Villa

die *städtische Kunstsammlung (Jan. bis Okt. Di–So 10–12 und 14–18 Uhr)*. Zur Erholung lädt der öffentliche Park am Seeufer vor dem Haus – eine Oase.

MUSEEN

Fondazione Thyssen-Bornemisza

Schon der Park, in dem die herrschaftliche *Villa Favorita* liegt, ist ein Erlebnis. Im Innern permanente Ausstellung von Gemälden und Aquarellen aus dem 19. und 20. Jh. Hausherrin Francesca von Habsburg-Thyssen stellt regelmäßig Künstler aus Osteuropa aus. *April bis Anfang Nov. Fr–So 10–18 Uhr; Via Cortivo 1, Lugano-Castagnola*

Museo Cantonale d'Arte

Sehenswerte Kunstsammlung von einheimischen und ausländischen Künstlern aus dem 19. und 20. Jh. *Di 14–17, Mi–So 10–17 Uhr; Via Canova 10*

Museo delle Culture Extraeuropee

Außergewöhnliche, europaweit bedeutende ethnologische Sammlung.

Das Künstlerpaar Serge und Graziella Brignoni hat in der Villa Heleneum rund 600 meist aus Holz gefertigte Kult- und Kunstgegenstände aus Ozeanien, Indonesien und Westafrika zusammengetragen. Die Villa Heleneum liegt gleich neben der Villa Favorita. *April–Okt. Mi–So 10–17 Uhr; Via Cortivo 24, Lugano-Castagnola*

Villa Malpensata

Das Museum für moderne Kunst in der stattlichen Villa Malpensata an der Uferpromenade glänzt alljährlich durch große Ausstellungen berühmter Maler. *Ende März–Ende Nov. Di–Fr 10–12 und 14–18, Sa/So 10–18 Uhr, Riva Caccia 5*

ESSEN & TRINKEN

Al Portone

Absolute Meisterschaft der italienischen Küche, serviert in elegantem Ambiente. *So/Mo geschl., Viale Cassarate 3, Tel. 09 19 23 55 11, €€€*

Grotto della Salute

Versteckt in einem Wohnviertel im Vorort Massagno. Modernisierter

---

MARCO POLO Highlights »Luganese«

★ **Piazza della Riforma**
Hier pulsiert das Leben Luganos (Seite 60 und 64)

★ **Museo Hermann Hesse**
Die warme Reverenz seiner Wahlheimat Montagnola an den Nobelpreisträger (Seite 65)

★ **Monte Arbostora**
Der grüne Hügel bei Carona hält eine barocke Kostbarkeit versteckt (Seite 64)

★ **Parco Scherrer**
Extravagante Kunstsammlung im Traumdörfchen Morcote (Seite 69)

Grotto, aber mit Stil; mehrstöckige Gartenterrasse und ausgezeichnete Küche. Luganeser treffen sich hier zum Mittagessen. *Sa/So geschl., Via dei Sindacatori 4, Massagno, Tel. 09 19 66 04 76, €€*

Santabbondio

Martin Dalsass ist im Augenblick wohl der aufregendste Koch im Tessin. Gourmets dürfen sich seine Wirkungsstätte etwas oberhalb von Lugano in Sorengo nicht entgehen lassen. *Sa-Mittag, So-Abend und Mo geschl., Via Fomelino 10, Sorengo, Tel. 09 19 93 23 88, €€€*

La Tinera

Die sichere Adresse im Zentrum, *cucina italiana* ohne Fehl und Tadel. *So geschl., Via dei Gorini 2, Tel. 09 19 23 52 19, €€*

Tea Room Vanini

Hier sitzen sie alle, Touristen und Einheimische, Jung und Alt. So pro-fan das Vergnügen, so groß der Genuss. Kaffee und Kuchen beim renommiertesten Tessiner Chocolatier an der sonnigen Piazza: Das gehört einfach zu einem Luganobesuch. *Tgl., Piazza della Riforma 1*

EINKAUFEN

Früchte- und Gemüsemarkt

Die *Piazza della Riforma* verwandelt sich zweimal wöchentlich in einen stimmungsvollen Marktplatz nach italienischem Vorbild. *Di und Fr 8–12 Uhr*

Via Nassa/Via Pessina

Die parallel zur Seepromenade verlaufende Via Nassa von Lugano ist die schickste Shoppingpromenade des Tessins – im Kleinformat, wie das zum kleinen Kanton passt. Der Hit des Luganeser Einkaufsviertels ist indessen weder das feine Tuch noch die exquisite Uhr, sondern der farbige Kulinarientempel von *Lino*

Im Delikatessentempel von Lino Gabbani geht es (nicht nur) um die Wurst

Gabbani, in dem es mittags und nach Büroschluss wie in einem Bienenstock zugeht. Ein halbes Dutzend Läden in einem Umkreis von wenigen Schritten um die Piazza Cioccaro befriedigen jeden Wunsch – in der *Bottega del Vino* tauchen Sie ab ins Reich des Merlot, bei *Il Fornaio* duften Ihnen phantasievolle Brote entgegen, in der *Bottega del Formaggio* tummeln Sie sich in der unendlichen Welt des Käses. Und gehen Sie nicht von dannen, ohne sich an einer der Gassentheken ein Stück Brot- oder Quarkkuchen einpacken zu lassen!

ÜBERNACHTEN

Hotel Figino

Ein Juwel in traumhafter Lage, zehn Autominuten von Lugano im Dörfchen Figino. Die herrschaftliche Villa ist keine Jugendherberge alten Zuschnitts, sondern ein preiswertes Hotel, sehr geeignet für Familien mit Kindern. Fünf Minuten vom See, großzügiges Gelände mit Grillplätzen, gute Küche und ein Hexenhäuschen, das den Nachwuchs aus dem Häuschen bringt. *27 Zi., Casoro / Figino, Tel. 09 19 95 11 51, Fax 09 19 95 10 70,* €

Du Lac

Der etwas lieblos wirkende Kastenbau, in Luganos Nachbargemeinde Paradiso direkt am See gelegen, täuscht: Im gepflegten Inneren kommt der rührige Besitzer Corrado Kneschaurek jedem Wunsch nach. Das Du Lac gehört überdies zu den Tessiner Spitzenreitern in Sachen Ökologie. *53 Zi., Jan. / Feb. geschl., Riva Paradiso 3, Tel. 09 19 94 19 21, Fax 09 19 94 11 22, www.dulac.ch,* €€€

Montarina

Ein preisgünstiges (in Lugano!), einfaches Haus mit überraschend hübschem, palmenbestandenem Garten. Nur einen Katzensprung vom Bahnhof entfernt. *44 Zi., Dez.–Feb. geschl., Via Montarina 1, Tel. 09 19 66 72 72, Fax 09 19 66 00 17, www.montarina.ch,* €

Stella Garni

Kleines, unscheinbares Haus mit persönlichem Charme und aufmerksamem Service, sehr geeignet auch für Alleinreisende. Es liegt in einem ruhigen Viertel, ist aber nur ein paar Schritte vom Bahnhof entfernt. *17 Zi., Jan. geschl., Via Borromini 5, Tel. 09 19 66 33 70, Fax 09 19 66 67 55, www.hotel-stella.ch,* €€

Walter Au Lac

Traditionsreiches Haus an der Seepromenade im Stadtteil Cassarate. Unlängst renoviert, das Interieur hat die Schwere der Vergangenheit abgelegt. Außergewöhlich reichhaltiges Frühstücksbuffet. *43 Zi., Feb. geschl., Piazza Rezzonico 7, Tel. 09 19 22 74 25, Fax 09 19 23 42 33, www.walteraulac.ch,* €€

AM ABEND

Casinò Kursaal

Das Abendvergnügen nach helvetischer Art – sauber, nett und nur ja nicht übertreiben. Kino, Slotmachines und ein Restaurant mit phantastischem Seeblick, aber weniger phantastischer Küche. *Tgl. 12 bis 4 Uhr; Via Stauffacher 1*

Officina della Birra

Einer der heißesten Schuppen der Luganeser Nachtwelt im Industrievorort Bioggio. Häufig Livekonzerte, die allerdings nicht immer dem Mainstreamgeschmack huldigen. Ungezwungene, junge Atmosphäre. *Tgl., Osteria Dolfini, Via Cademario, Tel. 09 16 00 23 33*

Piazza della Riforma

⭐ Die Piazza della Riforma an der Seepromenade ist das Herz der Stadt – hier trifft man sich, nicht nur Touristen, sondern auch die Einheimischen. Am Mittag Businesspeople, am Abend die Jugend. In der Saison finden oft hochkarätige Open-Air-Konzerte statt. Im Sommer wird die Uferpromenade am Abend für den Verkehr gesperrt: Am Lungolago gibts deshalb allabendlich ein Happening der Skater, Biker und Flaneure – ein unterhaltsames Sittengemälde Luganos.

Seerundfahrt by night

Die *crociera serale* verlässt Lugano um 21.15 Uhr und legt um 23 Uhr wieder an – dazwischen kann man dinieren, das Tanzbein schwingen oder sich einfach den nächtlichen Seewind durch die Haare säuseln lassen. *Juli/Aug. tgl., aber nur bei schönem Wetter, Tel. 09 19 71 52 23*

Disko Titanic

🏃 Die größte Disko im Tessin, im Vorort *Pambio-Noranco,* am Wochenende oft gerammelt voll. Unter der Woche auch *ballo liscio* (Gesellschaftstänze), sonst aber eher für jüngere Semester.

Palazzo Civico, Riva Albertolli, 6901 Lugano, Tel. 09 19 13 32 32, Fax 09 19 22 76 53, www.luganotourism.ch

ZIELE IN DER UMGEBUNG

Campione d'Italia [115 D2]

Campione d'Italia, in Sichtweite von Lugano am gegenüberliegenden Ufer des Luganer Sees gelegen, gehört zu Italien, ist aber von Italien ausschließlich über schweizerischen Boden erreichbar. Berühmt ist Campione wegen seines Spielkasions. Der altehrwürdige Protzbau des *Casinò Municipale (tgl. 13.45 bis 3 Uhr)* ist Campiones Lebensader: 500 Angestellte finden hier ihr Auskommen. Derzeit wird an einem vom Tessiner Architekten Mario Botta geplanten Neubau gearbeitet. Wer ein bisschen am exotisch-erotischen Ambiente des Roulette schnuppern will: Man verlangt gepflegte Garderobe, ohne Schlips und Jackett darf man an die großen Spiele nicht ran.

Überdies hat Campione auch für Kulturbewusste eine Attraktion, die grandios gelegene Kirche 🌿 *Madonna dei Ghirli* mit ihren mittelalterlichen Fresken. Campione erreicht man per Schiff ab Lugano oder mit dem Auto über den Damm von Melide; Grenzformalitäten gibt es nicht.

Gandria [115 D1]

Das ehemalige Fischerdörfchen Gandria (292 m, 220 Ew.) kuschelt sich am Fuß des Monte Brè spektakulär ans Ufer des Luganer Sees. Erreichbar ist es in einer zweistündigen, einfachen Uferwanderung ab Lugano sowie per Bus oder per Schiff.

Monte Arbostora [114 C2]

⭐ Ausgangspunkt ist das romantisch gelegene Dörfchen *Carona* auf dem Bergrücken des Monte San

Salvatore, wo das deutsche Autorenpaar Kurt Held (»Die rote Zora«) und Lisa Tetzner (»Die schwarzen Brüder«) im Exil lebte. Ab Carona kann man das weitläufige, sanft gewellte Waldgebiet des Arbostorahügels in ausgedehnten Spaziergängen oder per Mountainbike (auch für Anfänger geeignet) erkunden. Glanzpunkte sind der *botanische Park San Grato* und die Wallfahrtskirche *Madonna d'Ongero.* Der in einer Waldlichtung etwa zehn Fußminuten von Carona gelegene Sakralbau zählt zu den eindrucksvollsten barocken Kunstdenkmälern im Tessin. Exzellent speisen und romantisch übernachten können Sie in der familiären *Villa Carona (17 Zi., Nov.–Feb. geschl., Tel. 09 16 49 70 55, Fax 09 16 49 58 60, €€€).*

Monte Brè   [115 D1]

☙ Der Monte Brè (925 m) ist der eine Hausberg Luganos, an dessen sonnigen Abhängen unzählige Villen und Residenzen hochgezogen wurden. Sie erreichen ihn per *Drahtseilbahn (9.15–18.15 Uhr)* ab Lugano-Cassarate. Vom Gipfel, wo mehrere Restaurants warten, schöner Blick in die Alpen. Ein lohnender Spaziergang führt hinunter ins hübsche Bergdörfchen Brè. Eine gute Adresse für Übernachtung oder Einkehr ist die *Osteria Monti (3 Zi., Di-Mittag und Mo sowie Dez.–Feb. geschl., Tel. 09 19 71 57 51, €).*

Monte San Salvatore   [115 D2]

☙ Luganos spektakulärerer, zweiter Hausberg (912 m), erreichbar per Drahtseilbahn *(Mitte März–Mitte Nov., Juli/Aug. auch Abendfahrten)* ab Lugano-Paradiso. Traumhafte Rundsicht!

Museo Hermann Hesse   [114 C2]

★ Hermann Hesse könnte sich hinsetzen und schreiben: Brille, Tisch und Schreibmaschine stehen bereit im kleinen, liebevoll gestalteten Museum in der Torre Camuzzi mit-

Ein Plätzchen im Himmel: Restaurant auf dem Monte Brè

Museo Hesse in Montagnola: Arbeitsplatz eines Nobelpreisträgers

ten im Dörfchen *Montagnola*, wo Hesse fast 43 Jahre lang lebte. Hier schuf der 1962 verstorbene Nobelpreisträger seine bedeutendsten Werke. Das Hesse-Museum, 1997 eröffnet, hat sich in kürzester Zeit zu einem lebendigen Kulturtreffpunkt gemausert, kämpft aber trotzdem mit Finanzierungsproblemen *(März–Okt. Di–So 10–12.30 und 14–18.30, Nov.–Feb. Sa/So 10 bis 12.30 und 14–18.30 Uhr).* Eingerichtet wurde überdies ein landschaftlich reizvoller *Hermann-Hesse-Weg,* auf dem Sie die so genannte *Collina d'Oro,* den privilegiert gelegenen Goldhügel, erkunden können. Schlusspunkt des Spaziergangs ist ein Ort mit majestätischem Ambiente: die aus dem 14. Jh. stammende Kirche *Sant'Abbondio* in *Gentilino* und ihre herrliche Zypressenallee. Auf dem ==Friedhof== liegt Hesse begraben. Wer sich verköstigen will: Ausgerechnet in dem steinreichen Dorf Gentilino finden sich in der *Via dei Grotti* einige der stimmungsvollsten Tessiner Grotti, etwa das *Figini (Mo*

geschl., *Tel. 09 19 94 64 97, €€)* oder der *Grotto al Bosco (Di geschl., Tel. 09 19 94 67 76, €€).*

MALCANTONE

[114 B–C 1–2] Grün, wohin das Auge blickt: Der Malcantone, das hügelige Hochland im Westen Luganos, wird zu Recht als grüne Lunge bezeichnet. Er umfasst als wichtigste Dörfer Agno, Arosio, Miglieglia, Novaggio und Sessa. Hier, in diesem fast unerschöpflichen Wandergebiet, sind die Landschaftsformen sanfter und lieblicher als nördlich des Monte Ceneri.

Woher der Malcantone seinen merkwürdigen Namen hat, ist umstritten: Die einen leiten ihn vom lateinischen »malus angulus« (schlechte Ecke) ab, weil das Grenzgebiet als Zufluchtsort von Deserteuren und Banditen galt. Eine andere Deutung führt den Namen auf den Begriff »magli« (Hämmer) zurück, da es im Malcantone viele Schmieden gab. Und ein dritter Versuch schreibt das »Mal« im Namen dem Umstand zu, dass die Gewitter im Malcantone heftiger sein sollen als sonstwo in der Region. Unbestritten ist immerhin, dass es der Malcantone zum Titel »Tessiner Kalifornien« brachte: Ab Mitte des 19. Jhs. bis vor dem Zweiten Weltkrieg wurde, namentlich bei Sessa und Astano, fleißig nach Gold, Silber und Blei geschürft.

SEHENSWERTES

Maglio d'Aranno

Ein Industriedenkmal besonderen Werts: Es handelt sich um die letzte erhaltene Hebelhammerschmiede der Schweiz – einen Schmiedehammer also, der mit Wasserkraft betrieben wird. Die Schmiede von Aranno war noch bis Mitte des 20. Jhs. in Betrieb. Der Maglio d'Aranno am Bett des Flüsschens Magliasina ist auf gut ausgeschilderten Wegen ab den Dörfern Aranno, Miglieglia oder Novaggio zu erreichen. *Di–So 10–17 Uhr*

Parco Naturale Monte Caslano

Ausgezeichneter und interessanter, auch mit deutschsprachigen Informationen ausgestatteter Naturlehrpfad um und über den Monte Caslano, den markanten Hügel, der beim Dorf Caslano in den Luganer See hinausragt. 600 Pflanzen-, davon 150 Moos- und Flechtenarten.

Zoo Al Maglio

Der einzige Tierpark im Tessin mit Löwen, Tigern, Bären, Affen und exotischen Vögeln, gelegen im Dorf *Magliaso. April–Okt. tgl. 9–19, Nov.–März 10–17 Uhr*

MUSEEN

Museo del Malcantone

Heimatmuseum in *Curio* in einem sehenswerten Palazzo, den der be-

Im Malcantone, der grünen Lunge des Tessins: Wälder, Wein und Wanderwege

kannte einheimische Architekt Luigi Fontana 1855 erbaute. *April bis Okt. Do und So 14–17 Uhr; außerhalb dieser Zeiten nach Vereinbarung, Tel. 09 16 06 31 72*

Museo della Pesca

Fischereimuseum in *Caslano* mit mehreren Hundert Ausstellungsobjekten, darunter drei voll ausgerüstete traditionelle Fischerboote. *April–Okt. Di, Do, So 14–17 Uhr; Via Campagna*

EINKAUFEN

Ponte Tresa

Der Grenzort Ponte Tresa ist zweigeteilt – es gibt einen Ortsteil auf der Tessiner Seite und einen auf der italienischen Seite des Flüsschens Tresa. Der Zollübergang befindet sich auf der Brücke. Im italienischen Ponte Tresa findet jeden *Samstag (8.30–17 Uhr)* ein farbiger *Markt* statt.

ÜBERNACHTEN

Insider Tipp

I Grappoli

Eigentlich das Feriendorf einer Deutschschweizer Gewerkschaft, hat es heute die altbackene Staubigkeit weitgehend abgelegt und ist eine empfehlenswerte Adresse für Familien geworden. Herrliche, ruhige Lage nahe beim hübschen Dorf *Sessa*, großer Garten mit Schwimmbad. Auch Bungalows. *33 Zi., Jan. bis Mitte März geschl., Tel. 09 16 08 11 87, Fax 09 16 08 26 41, www.grappoli.ch, €€*

Kurhaus Cademario

Schon der Blick heilt Sie: traumhafte Sicht vom Balkon des Malcantone in *Cademario* hinunter nach Lugano. Das traditionelle Kurhaus hat sich zum Wellnesshotel mit allen Finessen gewandelt. *123 Zi., Tel. 09 16 10 51 11, Fax 09 16 10 51 12, www.swisswellnesshotel.com, €€€*

Del Pesce

Traditioneller, fortschrittlich geführter Familienbetrieb im Grenzort *Ponte Tresa*. Sympathische Atmosphäre, Blick auf den Luganer See. *40 Zi., Tel. 09 16 11 27 00, Fax 09 16 11 27 09, www.tinet.ch/del pesce, €€*

Piccolo Camping

Ein Kleinod mit nur 25 Stellplätzen im Dörfchen *Astano:* familiäres Ambiente am künstlichen, aber romantischen Laghetto d'Astano. *Nov. bis Ostern geschl., Tel. 09 16 08 12 82, wyrsch.astano@bluewin.ch, €€*

San Michele

Engagiert geführtes, schönes Haus in *Arosio* mit einzigartigem Blick über den Malcantone. Alternative, unkomplizierte Stimmung. Das San Michele hat sich mit Blues- und Rockkonzerten einen Namen als Kulturtreffpunkt gemacht. Vorzügliches Restaurant. *11 Zi., Tel. 09 16 09 19 38, Fax 09 16 09 19 88, €*

AUSKUNFT

Piazza Lago, 6987 Caslano, Tel. 09 16 06 29 86, Fax 09 16 06 52 00, www.malcantone.ch

ZIELE IN DER UMGEBUNG

Strada Verde   [114 B–C1]

Auf der »grünen Straße« – gemeint ist ein Wanderweg und nicht eine Autoroute – lernen Sie den

Malcantone am besten kennen: Sie spüren die auch im Sommer kühlen Winde, Sie riechen die würzigen Düfte, Sie fühlen das hügelige Gelände. Die Strada Verde ist als Rundwanderweg zwischen Arosio, Miglieglia, Novaggio und Sessa konzipiert – einsteigen können Sie in praktisch allen Dörfern des Malcantone, und dank verschiedener Querverbindungen können Sie sich Ihre Route individuell zusammenstellen. Der Verkehrsverein Malcantone in Caslano hält handliches Kartenmaterial bereit.

MORCOTE

[114 C3] Das Bilderbuchtessin schlechthin, millionenfach fotografiert – und doch immer wieder umwerfend schön: Das lang gestreckte, kleine und dank seiner stolzen Architektur doch stattliche Morcote (271 m, 650 Ew.) klebt unten auf Seehöhe am Fuß des üppig bewaldeten Arbostorahügels an der Spit-

ze der Ceresiohalbinsel. Die Arkaden und die schmalen, kopfsteingepflasterten Gassen verleihen dem Dörfchen mediterranen Charme. Schmerzhaft für den malerischen Ort ist einzig der erhebliche Autoverkehr, der sich in der Saison durch die schmale Straße drängt – dabei wäre die Tour von Lugano um den Arbostorahügel eine der wenigen wirklich mühelosen Fahrradstrecken des Tessins.

SEHENSWERTES

Parco Scherrer

★ Einmaliges Panoptikum architektonischer und biologischer Exotik: Der Textilkaufmann Arturo Scherrer (1881–1956) sammelte auf seinen Reisen die verrücktesten Kunstgegenstände – vom siamesischen Teehaus bis zum Tempel der Nofretete – und brachte sie in seinem herrschaftlichen, subtropisch bewachsenen Park unter. *März–Juni und Sept./Okt. tgl. 9–17, Juli/Aug. 10–18 Uhr*

Im Parco Scherrer von Morcote: tropische Pflanzen, Tempel und Teehäuser

ÜBERNACHTEN

Bellavista
Stimmungsvolles Haus in *Vico Morcote,* das aus zwei über 300-jährigen, renovierten Gebäuden besteht. Familiärer Kleinbetrieb in privilegierter Lage oberhalb von Morcote mit ausgezeichneter Küche. *11 Zi., Dez./Jan. geschl., Strada da Vigh 2, Vico Morcote, Tel. 09 19 96 11 43, Fax 09 19 96 12 88, €€*

AM ABEND

La Romantica
Das traditionsreichste und traditionsorientierte Tessiner Dancing auf dem Damm von Melide. *Tgl. 21.30–4 Uhr, Via Cantonale, Melide*

TESSERTE

[112 A5] Entspannung für Augen, Körper, Seele – und eine Gelegenheit, tief durchzuatmen: Der Ort Tesserete (529 m, 1300 Ew.), in einem Talboden der Val Capriasca über der Stadt Lugano gelegen, ist einer der privilegiertesten Ferienstandorte des Tessins. Man erreicht in kürzester Zeit die Luganeser City, genießt aber die ruhige und frische Atmosphäre des Bergtals.

SEHENSWERTES

Convento del Bigorio
Das erste Kapuzinerkloster der Schweiz, 1535 gegründet. Der spirituelle Ort, herrlich gelegen in den Kastanienwäldern oberhalb von Tesserete, glänzt durch eine traumhafte Fernsicht. Die Patres des Klosters haben ihr renoviertes Haus geöffnet und führen es heute als Kurs- und Tagungszentrum. Ein kleines *Museum* gibt einen Einblick ins Leben der Kapuziner *(April–Okt. So 14.30 – 17 Uhr oder nach Vereinbarung, Tel. 09 19 43 12 22).*

Eishockey

Das Derby Ambrì–Lugano gerät zum Duell Bergwelt gegen Bankenstadt

Die Leidenschaften der Tessiner auf sportlichem Gebiet sind Eishockey und das Duell zwischen den Mannschaften aus dem Leventiner Dorf Ambrì-Piotta und der Stadt Lugano, die beide zur helvetischen Elite gehören. Die Antagonisten Ambrì und Lugano verkörpern auf dem Eis einen der prägendsten Gegensätze der Tessiner Gesellschaft – zwischen den armen, kargen Nordtessiner Tälern (Ambrì-Piotta) und der reichen, protzenden Wirtschaftsmetropole (Lugano). Das Duell hat sogar eine politische Konnotation: Ambrì steht für linke Solidarität, Lugano für kapitalistische Macht. Ein Derby der beiden Teams ist ein unvergessliches Erlebnis – besuchen Sie ein Spiel, wenn Sie Gelegenheit dazu haben. Die Saison dauert von September bis April, über die Spieldaten informieren Plakate und die Tessiner Tageszeitungen.

San Matteo

Spitzenküche in der Provinz: In *Cagiallo*, gleich bei Tesserete, werden Sie mit kreativer *cucina italiana* überrascht – beispielsweise mit einer herbstlichen Rote-Bete-Terrine. Nur abends geöffnet! *So/Mo geschl., Tel. 09 19 43 51 97, €€*

Stazione Tesserete

Unscheinbares, in langjähriger Familientradition geführtes Haus, das es in sich hat – vor allem für Kinder. Der Spielplatz ist eine Wucht. Mit speziellen Familienzimmern. *8 Zi., Tel. 09 19 43 15 02, Fax 09 19 43 55 69, €€*

Piazzale Stazione, 6950 Tesserete, Tel. 09 19 43 18 88, Fax 09 19 43 42 12

Gola di Lago [112 A5]

Wer Frösche quaken und Kühe muhen hören und dazu gemütlich ein Picknick verzehren will, der ist hier richtig. Die kleine Hochebene (1000 m) im Sattel zwischen Tesserete und der benachbarten Val d'Isone steht als Moorlandschaft unter Naturschutz. Seine Schönheit (und automobile Erreichbarkeit) hat das Gebiet zu einem bevorzugten sommerlichen Wochenendausflugsziel der Luganeser gemacht. Sie haben daher mehr Genuss, wenn Sie unter der Woche hochfahren. Dann allerdings empfiehlt sich vorher ein Anruf beim Militär (*Tel. 09 19 35 80 97*) – denn Gola di Lago dient auch als Schießplatz.

Sant'Ambrogio [112 A5–6]

Die neoklassizistische Kirche in *Ponte Capriasca* enthält einen kunsthistorischen Schatz: eine gut erhaltene Kopie des »Abendmahls«, eines großen Werks von Leonardo da Vinci.

Valcolla [112 A–B5]

Insider Tipp

Machen Sie sich auf eine Fahrt ins Grüne und ins Blaue gleichzeitig gefasst: Die ab Tesserete nur 10 km lange Valcolla bietet Ihnen wegen ihrer verwinkelten Geografie eine wahrhaft abenteuerliche Rundfahrt (die trainierte Bergfahrer als Herausforderung auch auf dem Rad annehmen können). Nehmen Sie in Cagiallo die Talstraße Richtung Maglio di Colla. Sie rollen, am Ufer des Flüsschens, in einem verwirrenden Kurvenreigen hinein in diesen grünen Schoß und verlieren schon bald jedes Richtungsgefühl. Keine Bange: Schrauben Sie sich einfach bis nach *Bogno* hoch – hier sind Sie am Kopf des Tals. Eine Ruhepause im romantischen *Grotto dal Magnan* (*Mo und Dez.–Feb. geschl., Tel. 09 19 44 15 96, €*) drängt sich auf.

Die Rückfahrt auf dem Panoramaweg Richtung Colla, Corticiasca, Bidogno ist ein herrlicher Nachmittagsgenuss: Hoch über dem Tal steuern Sie zurück nach Tesserete. Oder Sie bleiben über Nacht: In *Bogno* führt Marcello Brissoni ein Haus (*Locanda San Lucio, 13 Zi., Jan./Feb. geschl., Tel. 09 19 44 13 03, Fax 09 19 44 16 57, €€*), in dem Sie sich ganz der Faulenzerei hingeben können – bis es Sie wieder in den Beinen juckt und Sie sich aufs Mountainbike schwingen. Feines Restaurant, exzellenter Weinkeller.

Ungeschminkter Charme der Lombardei

Zwischen den letzten Zacken der Alpen ein Stück Tessin, das ganz auf touristische Wimperntusche verzichtet

Im Mendrisiotto, dem südlichsten Zipfel des Tessins, der wie ein Keil in die Lombardei hineinragt, entrinnt man den Bergen. Das lombardische Hügelland ruft. Die Nähe zur Grenze, das flacher werdende Gelände und der Puls der Gotthard-Verkehrsachse haben eine Landschaftsmöblierung begünstigt, die von form- und lieblosen Fabrikgebäuden dominiert wird. Überdies ist das Mendrisiotto Schauplatz einer permanenten menschlichen Tragödie: Die so genannte grüne Grenze im schweizerischen Süden ist der von verzweifelten Flüchtlingen am meisten benutzte Weg, illegal in die Schweiz zu kommen. Das Mendrisiotto also am besten links liegen lassen? Keinesfalls! Sie finden ein Tessin mit stark lombardischem Einschlag und ungehobelter Echtheitsgarantie. Und so rücksichtslos zerstört die Kulturlandschaft ist: Ganz unerwartet, hinter Ecken und Kurven, eröffnet das

Wo einst Kranke kuriert wurden, büffeln heute die Studenten: Architekturakademie Mendrisio

Mendrisiotto seinen Besuchern auch immer wieder landschaftliche und kulturelle Kleinode.

CHIASSO

[115 D–E4] »Lärm« bedeutet Chiasso (237 m, 8000 Ew.) auf Deutsch – nicht gerade eine Einladung. Tatsächlich verströmt Chiasso den geschäftigen Charme eines Grenzstädtchens. Viel Verkehr, Smog, lieblos hingeklotzte Büro- und Lagerhäuser. Die unzähligen Tankstellen illustrieren, worauf die Region um Chiasso seit Jahrhunderten baut: auf den kleinen Grenzverkehr. Heute sind es vor allem die Benzintouristen aus Italien – wenns der Kurs denn zulässt –, die in Chiasso (nicht allzu viel) Geld lassen. Chiasso ist aber auch der Ort heimlicher, manchmal dunkler Geschäfte: In der Region konzentrieren sich drei Goldschmelzen. In Chiasso wird aber auch gelebt – und hier liegt der Reiz des Grenzorts: Es ist frappierend, wie deutlich man beim Grenzübertritt nach Pon-

Wie eng Südtessin und Lombardei zusammengehören, symbolisiert die Plastik »Schweiz und Italien« in Chiassos Bahnhof

te Chiasso den Unterschied spürt, obschon Südtessin und Lombardei geografisch und kulturell so eng zusammengehören. Italien liegt buchstäblich in der Luft – in der Atmosphäre, den Gerüchen, im Lebensrhythmus.

SEHENSWERTES

Cinema Teatro
Das faszinierende Theatergebäude, 1935 erbaut, ist schonend renoviert und ohne die architektonische Substanz anzugreifen in ein modernes Kulturzentrum umgewandelt worden. *Via Verdi*

ESSEN & TRINKEN

Conca Bella
Unerreichtes Highlight der Region: brillante Küche im Dorf Vacallo 2 km oberhalb von Chiasso. Nach einer ausgedehnten Probe aus dem erstklassigen Weinkeller kann man sich in einem der neun Zimmer im oberen Stock zur Ruhe betten. *So/Mo geschl., Via Concabella 2, Vacallo, Tel. 09 16 97 50 40, Fax 09 16 83 74 29, www.concabella. ch, €€€, Hotel €€*

La Meridiana
Insider Tipp

Jeden Tag ein vegetarisches Menü, daneben imposante Pizzen oder delikate Pasta: Das Lokal im mit Chiasso fast zusammengewachsenen Balerna ist ein stimmungsvoller Farbtupfer. Alternatives, ungezwungenes, sehr sympathisches Ambiente, große Familien mit Kindern schieben die Tische zusammen für die ausgelassene *cena,* daneben diskutieren Kulturträger ihre neuesten Projekte. *Mo geschl., Via San Gottardo 102, Balerna, Tel. 09 16 83 50 29, €*

ZIELE IN DER UMGEBUNG

Como   [115 E5]
Das dürfen Sie keinesfalls auslassen: eine Spritztour hinunter nach Como. Die Stadt in schöner Lage am See wird zwar oft unterschätzt, aber sie hat viel zu bieten – und sei es nur einen richtigen italienischen Cappuccino an der Piazza am See. Und vergessen Sie nicht: Como ist die Stadt der Seide, Sie finden in den zahlreichen Boutiquen unvergleichliche Foulards. *Di, Do (8.30 bis 13 Uhr)* und *Sa (8.30–18 Uhr)* ist in Como *Markttag* – um einiges authentischer als der berühmte Markt von Luino.

Muggiotal
(Valle di Muggio)   [115 E3–4]
★ Das südlichste Juwel des Tessins: Das Minital, nur knapp 10 km

lang, ist eine wohltuende Gegenwelt zur dröhnenden Geschäftigkeit im Grenzort. Das kleine Tal, dessen Terrassenlandschaft bei schrägem Lichteinfall markante Konturen zeichnet, beherbergt einen einmaligen Schatz bäuerlicher Architektur: Die speziellen geologischen und klimatischen Verhältnisse in der Valle di Muggio haben die Bauern zu innovativen Schritten gezwungen. Im Karstgebiet des Monte Generoso versickerte das Wasser zu schnell für eine ersprießliche Landwirtschaft. Die Bauern ersannen Spezialkonstuktionen, etwa aus Schieferstein gebaute Schneekeller zur Lagerung von Milchprodukten, so genannte *nevere*. Ein außergewöhnliches *Freiluftmuseum* erschließt dieses heute nicht mehr genutzte Kulturerbe: Mehr als ein Dutzend Objekte – Bauernhöfe, Mühlen, Brennöfen – sind an ihrem Standort restauriert und mit einem ausgeschilderten Wanderweg verbunden worden.

Sie finden im Tal auch eine außergewöhnliche Adresse zum Essen und Übernachten: Im Dörfchen *Sagno* (Abzweigung am Ortsausgang von Morbio Superiore beachten!) hat eine Kooperative in ameisenhafter Emsigkeit ein kleines Idyll aufgebaut: *Ul Furmighin* (die Ameise) pflegt die gesunde, rustikale Tessiner Küche und bietet Ihnen ein Bett in traumhafter Lage, hoch auf dem Balkon über dem Mendrisiotto mit freiem Blick nach bella Italia *(6 Zi., Tel. 09 16 82 01 75, Fax 09 16 82 01 76, €).*

Insider Tipp

MENDRISIO

[115 D4] Zugegeben: Mendrisio (354 m, 6000 Ew.), weltberühmt wegen seiner Osterprozessionen, macht es Ortsunkundigen nicht ganz einfach, zu seinen charmantesten Winkeln vorzudringen. Dort aber, im mittelalterlichen *borgo,* im Ortskern, beeindruckt das Städtchen mit lombardischem Ambiente, ja man kann sich abends in den schmalen Gassen zwischen den kompakt gebauten, mächtigen Häusern schon mal ein paar Jahrhunderte zurückversetzt fühlen. Allerdings: Die Eröffnung der Architekturakademie im Jahr 1996 hat dem Städtchen Auftrieb gegeben – Studentinnen und Studenten verleihen

MARCO POLO Highlights »Mendrisiotto«

★ **Muggiotal**
Ein kleines Juwel mit archaischen Bauwerken (Seite 74)

★ **Monte Generoso**
Ein famoser Blick nach Mailand (Seite 78)

★ **Stadtzentrum Mendrisio**
Mittelalterlicher Städtebau versus urbane Konzeption nach Mario Botta (Seite 76)

★ **Via alle Cantine**
Mendrisios antike Vorratskeller sind heute heimelige Grotti (Seite 76)

dem geschichtsträchtigen Städtchen einen frischen, unverbrauchten Zug.

SEHENSWERTES

Architekturakademie

Das ehemalige Spital Alfonso Turconi an der gleichnamigen Straße ist seit 1996 Sitz der Architekturakademie. Seinem Erbauer ist im Innenhof ein Denkmal gewidmet, errichtet von Vincenzo Vela. Neben dem aus dem 19. Jh. stammenden Gebäude liegt der Spitalneubau – ein interessantes Zeugnis, wie früher gebaut wurde und wie heute. *Via Turconi*

Santi Cosma e Damiano

Unübersehbar und erhaben thront sie mitten im Städtchen an der Piazza del Ponte, die aus dem 19. Jh. stammende Pfarrkirche. Mächtig wirkt die Kuppel, edel das Innere des neoklassizistischen Bauwerks.

Stadtzentrum

★ Hoch spannend ist es, in Mendrisio im Umkreis weniger Hundert Meter den architektonischen Bemühungen um die Bildung eines Stadtzentrums nachzuspüren. Im Norden der zentralen Piazza del Ponte befindet sich der *mittelalterliche historische Kern,* im Süden desselben Plätzchens breitet sich das Viertel aus dem 17. und 18. Jh. aus – der *Corso Bello,* die fast etwas großspurig wirkende, breite Fußgängerpassage. Und westlich der Piazza del Ponte, an der Via Lavizzari, ragt der modernste Komplex in die Luft: Mario Bottas Kreation *Piazzale alla Valle,* ein etwas künstlich und kühl wirkender Stadtplatz, umrahmt von Geschäften.

Villa Argentina

Eine beachtenswerte Villa aus dem 19. Jh. Im symmetrischen Gebäude hat sich die Bibliothek der Architekturakademie eingenistet. *Largo Bernasconi 2*

MUSEUM

Museo d'Arte

Kunstmuseum in ehemaligem Kloster des Servitenordens. Ausgestellt sind Tessiner Künstler; regelmäßig interessante Sonderausstellungen. *Di–So 10–12 und 14–18 Uhr, Piazza San Giovanni*

ESSEN & TRINKEN

Grotto Bundi

Wer die Tessiner Küche kosten will, ist hier bestens aufgehoben. Die ★ *Via alle Cantine* liegt im Norden des Städtchens. Ein liebevoll gestalteter Vorratskeller steht am anderen – die meisten von ihnen sind heute Grotti mit Bewirtung. Im Bundi erhalten Sie die unverwechselbare Polenta, die mit Engelsgeduld über dem Feuer geköchelt wurde. *Mo geschl., Via alle Cantine, Tel. 09 16 46 70 89, €€*

Grotto Eremo di San Nicolao

Insi
Tip

↘↙ Gönnen Sie sich ein unvergessliches Erlebnis bei Salorino hoch über Mendrisio: Nehmen Sie die schmale Straße, die auf den Monte Generoso führt, bis rund 2 km hinter dem Dörfchen Somazzo. Über einem klaffenden Abgrund, beim Kirchlein des Eremiten Sankt Nikolaus aus Bari, lädt dieser Grotto zu Polenta und *brasato* – derweil Sie den Blick übers Mendrisiotto schweifen lassen. *Im Winter Di geschl., Tel. 09 16 46 40 50, €*

Im Bann der Schlange

**Im Mendrisiotto zeigen sich die Schatten-
seiten der europäischen Verkehrspolitik**

Sechsspurig führt die Autobahn mitten durch Chiasso, vorbei an Wohnhäusern, Kindergarten und Schwimmbad. Die Lastwagenschlange, die auf die Zollabfertigung wartet, wächst vor den Schlafzimmerfenstern unaufhörlich – ein Resultat der europäischen Verkehrspolitik. Seit Jahren wehrt sich die kleine, vor allem aus Frauen bestehende Gruppe »SOS Ambiente« unermüdlich gegen die katastrophalen Umweltbedingungen. Die Aktivistinnen organisieren schon mal frühmorgens im Pyjama eine Lastwagenblockade – und verlieren trotz der Aussichtslosigkeit ihres Tuns die Hoffnung nicht: »Uns gegen das scheinbar Unveränderbare aufzulehnen ist Teil unserer Lebensqualität«.

Tea Room Filosofo
Genehmigen Sie sich während des Spaziergangs durch Mendrisios Fußgängerzone hier ein *gelato* oder ein Stück Kuchen – schon wegen der exklusiven Dachterrasse. *Via Pontico Virunio*

Stazione
Das Bahnhofsrestaurant als Adresse für Feinschmecker? Von außen ein liebloser Dutzendbau, beginnt man erst mit dem Blick in den Speisesaal zu glauben, dass hier tatsächlich überdurchschnittlich gut gekocht wird – vor allem die Pasta ist zu empfehlen. *So geschl., Piazza Stazione, Tel. 09 16 46 22 44, €€*

ÜBERNACHTEN

Milano
Die beste Adresse im bescheidenen Hotelangebot der Stadt, gegenüber dem Bahnhof. Funktional eingerichtet ohne Schnickschnack. *25 Zi., Piazzale Stazione, Tel. 09 16 46 57 41, Fax 09 16 46 17 64, €€*

Sport
Hat nichts mit Fitness zu tun, eher mit Geschichte. Der modern eingerichtete Kleinbetrieb liegt im historischen Zentrum. *9 Zi., Piazza Fontana 2, Tel. 09 16 46 15 60, Fax 09 16 46 38 33, €*

AUSKUNFT

Via Angelo Maspoli, 6850 Mendrisio, Tel. 09 16 46 57 61, Fax 09 16 46 33 48

ZIELE IN DER UMGEBUNG

Ligornetto   [115 D4]
Im Dorf Ligornetto (359 m, 1400 Ew.), keine 5 km von Mendrisio, befindet sich eine Kunstsammlung von nationaler Bedeutung: das *Museum*, das dem Werk der berühmten Bildhauerfamilie Vela gewidmet ist. Bekanntester Exponent war Vincenzo Vela. Einmalig ist das Museum, weil das Werk der Vela vom Entwurf bis zum Endprodukt verfolgt werden kann. *März–Nov. Di*

bis So 10–17 Uhr, www.museo-vela. ch, Largo Vela

Monte Generoso [115 D3]

★ ◀▶ Sein Name sagts: Generös ist er, der südlichste Tessiner Panoramaberg (1701 m). Oben, auf der Krone der imposanten Kette, kann man sich fast schwindlig schauen. Man sieht tief hinunter nach Italien – wenns der Mailänder Smog zulässt – und auf der anderen Seite hoch hinauf in die Schneegipfel der Walliser und Bergeller Alpen. Das alles ist ohne einen Tropfen Schweiß zu haben: Eine *Zahnradbahn (Fahrplanauskunft Tel. 09 16 48 11 05)* führt – seit über 100 Jahren – von *Capolago* aus in fast dreiviertelstündiger Fahrt hoch auf den Gipfel. Oben kann man mit den Italienern picknicken oder im Restaurant zu Tisch gehen. Wer sich nicht satt sehen kann, darf auch übernachten *(Albergo-Ristorante Vetta, 7 Zi., Tel. 09 16 49 77 22, Fax 09 16 49 77 91, €).*

Besonders interessant ist eine Fahrt auf den Generoso für Astronomiefans: Sie können sich im *Planetarium* in die galaktische Welt vertiefen. Abenteuerlustige setzen sich für die Rückfahrt nicht in die Bahn, sondern auf den Fahrradsattel (die Generosobahn vermietet abfahrtstaugliche Räder). Eine hübsche Variante für Wandervögel: Fahren Sie in die selten besuchte, schmugglerromantische *Valmara* oberhalb von Maroggia, übernachten Sie im *Hotel La Pignatta (5 Zi., Tel. 09 16 49 74 05, €–€€)* in *Arogno,* und wandern Sie am nächsten Tag den spektakulären Aufstieg auf den Generoso. Ihre Waden, aber vor allem ihre Seele werdens nicht so schnell vergessen.

MONTE SAN GIORGIO

[114–115 C–D3] ◀▶ Der Monte San Giorgio (1100 m) ist mehr ein bewaldeter Hügel als ein Berg, der trotzig zwischen den beiden Armen des Luganer Sees ruht. Er glänzt nicht mit spektakulärer Fassade – sein Reichtum ist stillerer, subtiler Natur. An seinen Abhängen nisten außergewöhnlich schöne Dörfer, von seinen Anhöhen gibt er exquisite Blicke in die Alpenkette frei.

SEHENSWERTES

Meride

Insi Tip

Tessiner Siedlungskultur vom Feinsten: Die kompakte, verschachtelte Siedlung Meride (579 m, 300 Ew.) am sonnigen Südhang des San Giorgio ist unbedingt besuchenswert. Etwas südlich des Dorfs steht ein exklusiver Steinbruch, aus dem der rote Marmor stammt, der etwa im Dom von Mailand verbaut wurde.

Riva San Vitale

Riva San Vitale (276 m, 2200 Ew.), am Fuß des Monte San Giorgio am Südende des Luganer Sees gelegen, beherbergt den ältesten Sakralbau der Schweiz. Das *Baptisterium San Giovanni* ist um das Jahr 500 entstanden. Das Taufbecken, in einen Findling gehauen, hat imposante Ausmaße. *Tgl. 8–18 Uhr, Via Settala*

MUSEUM

Pinacoteca Züst

Der Basler Mäzen Giovanni Züst vermachte seine Kunstsammlung dem

Kanton Tessin. Vor allem Tessiner Künstler ab dem 17. Jh. *März–Nov. Di–So 9–12 und 14–17 Uhr, Juli/ Aug. nur 14–17 Uhr, Rancate*

ESSEN & TRINKEN

Grotto Grassi

Das ist einer der letzten echten Grotti, der der Kommerzialisierung hartnäckig trotzt. Außerhalb des Dörfchens *Tremona* in einem Kastanienwäldchen, genießen Sie hausgemachte Salami in leutseliger Atmosphäre am Rand zweier Bocciabahnen. *Nur Sa/So und an Feiertagen geöffnet, Tel. 09 16 46 18 68, €*

ÜBERNACHTEN

San Silvestro

Kinderfreundliches Kleinhotel unter aufmerksamer, deutschsprachiger Leitung im Traumdorf *Meride. 7 Zi., Tel. 09 16 46 90 77, €*

ZIEL IN DER UMGEBUNG

Serpiano [114 C3]

Sonnenterrasse an der San-Giorgio-Flanke vis-à-vis von Morcote hoch über dem Luganer See mit herrlicher Aussicht. Erreichbar ist der Flecken (650 m) mit einem Seilbähnchen ab dem romantischen Dörfchen Brusino Arsizio. Dort oben dürfen Sie eines nicht auslassen: den halbstündigen Fußweg hinüber zur *Alpe di Brusino,* um im dortigen *Grotto (abends geschl., Tel. 09 19 96 13 32, €)* einzukehren. Unter tausendjährigen, knorrigen Kastanienbäumen bestellen Sie ein Stück Brotkuchen und schlürfen eine *gazosa – bellissimo!* Das Wellnesshotel *Serpiano (90 Zi., Dez. bis Feb. geschl., Tel. 09 19 86 20 00, Fax 09 19 86 20 20, €€– €€€),* ein unansehnlicher Kasten in herrlicher Umgebung auf der Aussichtsterrasse bei *Serpiano,* empfiehlt sich für ein paar Tage aktiver Erholung.

Insider Tipp

An den Hängen des San Giorgio: schöne Dörfer und aussichtsreiche Grotti

Geniale Baumeister und brachiale Steinkultur

Die Touren sind in der Karte auf dem hinteren Umschlag und im Reiseatlas ab Seite 106 grün markiert

1 ARCHITEKTUR-TOUR VON BELLINZONA NACH MENDRISIO

Es ist ein Tessin abseits der Touristenorte, das Sie auf dieser 80-km-Tagestour von Bellinzona nach Mendrisio kennen lernen. Führen lassen Sie sich durch die Architektur, die wichtigste Kulturform im Tessin. Sie besuchen ausgefallene Bauten der bekanntesten »neuen Tessiner Architekten«, ohne dafür ein Architekturfreak sein zu müssen. Besonders empfehlenswert ist der Ausflug im Winter, wenn die blätterlosen Bäume die Sicht auf die Gebäude freigeben. Im Sommer hingegen können Sie am Beginn der Tour baden gehen: Erstes Ziel ist ein Schwimmbad.

Das *bagno pubblico* am Stadtrand von *Bellinzona (S. 27)*, wo ne-

In der Valle Maggia gibt es abseits der bekannten Ziele romantische Orte zu entdecken

ben rasenden Autos gemächlich der Ticino dahinfließt, fällt sofort auf: Man betritt das Bad nicht ebenerdig, sondern steigt von oben hinab über einen Steg, der Stadtzentrum und Naherholungsgebiet miteinander verbindet. Mit diesem Bauwerk, das ein Architektenteam um Aurelio Galfetti 1970 entwarf und damit landesweit Furore machte, begann, was heute gerne als »neue Tessiner Architektur« bezeichnet wird, auch wenn dieser Begriff höchst umstritten ist. Neu am Schwimmbad war, dass die Architekten nicht ein isoliertes Bauwerk schufen, sondern mit ihm einen Zusammenhang zur Umgebung herstellten. Aurelio Galfetti realisierte später in Bellinzona weitere Epoche machende Gebäude – etwa die markante Post *(Viale Stazione 18)* nahe dem Bahnhof. Mit der Renovierung der mittelalterlichen Burg Castelgrande erlangte er Weltruhm.

Ein außergewöhnliches Beispiel, wie ein architektonisches Konzept den Lebensraum aufwerten kann,

Magadinoebene

lernen Sie auf dem nächsten Etappenziel kennen. Sie fahren auf der Hauptstraße Richtung Locarno nach *Monte Carasso*. Das Dorf drohte zum planlos ausufernden Schlafort zu werden, wie es sie im Tessin zu Dutzenden gibt. Doch die Gemeinde bewies Mut: Sie beauftragte Luigi Snozzi in den späten Achtzigerjahren, ein Ortszentrum zu schaffen. Dem Architekten gelang ein großer Wurf. Er vereinigte Alt und Neu auf progressive Art, indem er ein Augustinerinnenkloster aus dem 15. Jh. restaurierte, die Dorfschule hineinsetzte und das Ganze mit einer Piazza, die zum Zentrum des Dorflebens werden sollte, ergänzte. Rundherum gruppierte er markante Neubauten. Das geplante Zentrum lebt – wie frappierend der Unterschied zu früher ist, dokumentieren Schautafeln vor Ort. Snozzi, der zahlreiche Wettbewerbe im In- und Ausland gewann,

aber nur wenige seiner Entwürfe realisieren konnte, gehört zu jenen Tessiner Architekten, die sich gegen die bürgerliche Gesellschaft auflehnten und deshalb nur mit Mühe öffentliche Aufträge erhielten. Wenn es auch formal keine einheitliche Tessiner Architektur gibt, stimmen die Südschweizer Baumeister in einem überein: Sie wenden sich gegen unkontrolliert wachsende Siedlungen, gegen die Zerstörung der Tessiner Dörfer und Städte – größtenteils allerdings ohne Erfolg.

Das nächste Ziel liegt bereits südlich des Monte Ceneri. Sie überqueren den Pass auf der Kantonsstraße und fahren Richtung Lugano durchs Vedeggiotal, das durch viele Industriebauten entstellt ist. Die schönen Dörfchen kleben abseits der Straße an den Hängen. Ihre Kirchtürme sind schon von weitem sichtbar. In *Torricella,* einem Vorort von Lugano, biegen Sie zu den properen Einfamilienhäuschen ab, wo sofort ein markanter Betonwürfel mit einer Kuppel auffällt: die *Casa Tonini (Via Sottochiesa)*, konzipiert von den beiden Tessiner Architekten Bruno Reichlin und Fabio Reinhart. Das Einfamilienhaus, 1974 erbaut, ist ein architektonisches Kultobjekt. In mittelalterlicher Tradition verfügt es über einen kreuzförmigen Grundriss und eine perfekte Symmetrie – die Baumaterialien sind allerdings die modernen.

Danach geht es zurück ins Tal und auf der gegenüberliegenden Seite gleich wieder hoch durch dunklen Kastanienwald: In *Origlio*, das auf einer kleinen Hochebene liegt, lässt sich am hübschen Natursee gut zu Mittag essen *(Al Lago, Tel. 09 19 45 13 33, €€)*. Daneben ist der Ort ein typisches Beispiel eines Tessiner Dorfes: hier ein alter Dorfkern, in dem die Häuser dicht aneinander gebaut sind, damit sie sich im Sommer Schatten und im Winter Wärme spenden, dazwischen enge, gepflasterte Gässchen. Und dort ein Wildwuchs von Villen samt Vorgärten – eine Bauweise, die weder auf Land- noch Nachbarschaft Rücksicht nimmt.

Doch auch hier gibt es Trouvaillen: Richtung Lugano fahrend, erspäht man oberhalb des Landgasthofes Deserto die *Casa Delorenzi* (erbaut 1982): zwei runde Betonsockel, darauf je ein Würfel, beide Elemente durch eine mit Glas überdachte, halbrunde Metallkonstruktion miteinander verbunden – voilà: ein unverkennbares Werk des Tessiner Stararchitekten Mario Botta.

Botta ist das Aushängeschild der neuen Tessiner Architektur. Er baut in Tel Aviv, Tokio und San Francisco und als beinahe Einziger auch während der Rezession in seiner Heimat. Botta ist derart omnipräsent, dass er sich den Vorwurf gefallen lassen muss, seine Werke seien beliebig. Doch tut man dem Baumeister unrecht, wenn man nur seine späten Bauten betrachtet – für sein Frühwerk geht es deshalb weiter in den Süden. Sie lassen Lugano links liegen, obwohl Botta hier gezeigt hat, dass er keine Berührungsängste mit dem Establishment kennt und mühelos für eine Großbank einen Baukoloss *(Banca del Gottardo, Viale Franscini 8)* hinstellen kann.

Sie wechseln auf die Autobahn und bewegen sich für einige Kilometer auf einem für die Tessiner Architektur prägenden Bauwerk: Das 120 km lange Straßenstück zwischen Airolo und Chiasso stammt zum größten Teil von Rino Tami. Der verstorbene Altmeister hat versucht, Galerien, Tunnel und Viadukte in die Natur einzupassen. Bei der Ausfahrt Melide können Sie eines seiner *Tunnelportale* betrachten, eine aus dem Berg ragende Nase.

Ab hier fahren Sie weiter auf der Kantonsstraße über den berühmten Seedamm. Vor Mendrisio biegen Sie ab nach *Stabio*. An der *Via Ponte di Mezzo 3/4* leuchten Ihnen schon von weitem die gelben Zacken der *Primarschule* entgegen. Tita Carloni, der sie 1974 baute, war der Lehrmeister Bottas und wurde dank seinem Können zu einer Art Tessiner Architekturgewissen. Etwas außerhalb des Dorfs mit den typischen dreistöckigen, eng aneinander geschmiegten Häusern treffen Sie auf dasjenige Gebäude, das Mario Botta Anfang der Achtzigerjahre bekannt gemacht hat: die *Casa Ro-*

tonda (Via Pietane 12). Der aus Sichtmauerwerk und Zementstein angefertigte Turmbau ist so charakteristisch, dass die umliegenden Schachtelhäuser verblassen.

Heute ist der »Meister des Lichtes und des Raumes« eine Instanz. Nur dank seinem Einsatz entstand 1996 in *Mendrisio (S. 75)* – dem Ziel der Tour – eine *Architekturakademie (Via Turconi)*. Mit ihrem ganzheitlichen, interdisziplinären Anspruch – Gastdozenten sind auch Philosophen und Ökologen – hebt sich die Akademie vom technokratischen Einschlag vieler Architekturfakultäten ab. Die ehemals provozierenden jungen Tessiner Baukünstler sind heute die Lehrmeister der angehenden Architekten: Aurelio Galfetti war erster Direktor der Akademie, Mario Botta ist Dozent und treibende Kraft, und Tita Carloni hat das ehemalige Spital in ein Universitätsgebäude umfunktioniert.

2 STEIN- UND WASSERWELTEN IM MAGGIATAL

Der Abbau des Rohstoffs Stein gehört zu den urtümlichsten Tessiner Industriezweigen. Und das Wasser ist der wertvollste Rohstoff des Kantons. Diese Tour, bequem im Auto, für Sportliche auch auf dem Rad zu bewältigen, führt knapp 50 km von Locarno hinauf ins Tal der Maggia, wo Sie eine strahlend weiße Überraschung aus Stein erwartet. Für den Ausflug sollten Sie sich einen Tag Zeit lassen – zumal zahlreiche Badeplätze locken.

Die Fahrt zu Wasser und Stein beginnt in *Locarno (S. 47).* Sie neh-

Bei Ponte Brolla hat die Maggia natürliche Badepools in den Stein gefressen

men die Hauptstraße Richtung Valle Maggia. Den ersten Halt machen Sie nach nicht einmal 5 km in *Ponte Brolla (S. 51)*. Die Maggia hat dort eine tiefe Schlucht in den Fels gefressen. Normalerweise fließt sie heute friedlich durch diesen klaffenden Engpass, im Hochsommer kann man sogar hineinschwimmen. Aber es braucht nur ein paar Regentage, und die Maggia tost als brausende, alles zermalmende Gewalt durch die Felsen. Ist die Maggia zahm, bietet die Region unzählige herrliche Badeplätze am Fluss.

Folgen Sie dem Wegweiser Richtung Cevio, und fahren Sie durch das vorerst breite Maggiatal knapp 20 km bis in die Ortschaft *Riveo*. Riesige Haufen von Felsbrocken türmen sich hier am Rand der Straße, die Wunden in den senkrechten Wänden zeugen davon, wie mühsam die Menschen dem Berg den wertvollen Rohstoff abtrotzten. Drei Unternehmen widmen sich an diesem Flecken dieser brachialen Industrie – nach Vereinbarung können Sie die *Steinbrüche* besichtigen *(Pollini SA, Tel. 09 17 54 16 12; Bionda SA, Tel. 09 17 54 13 44; Campana SA, Tel. 09 17 54 11 39)*. Gewonnen wird hier Gneis, den man an seiner schwarz-grau-weißen Streifenstruktur erkennt.

Gneis und Granit aus dem Tessin – neben dem Maggiatal wird er auch nördlich von Bellinzona in der Riviera und im Misox abgebaut – werden zu Bordsteinen, aber auch zu Tischplatten, Brunnen und Gartenbänken verarbeitet, die manchmal in Gärten der Deutschschweiz und Deutschlands stehen. Das Tessiner Steinbruchbusiness, während des Booms vor den Neunzigerjahren kräftig gewachsen, steckt heute in einer schweren Krise. Viele Unternehmen haben aufgegeben, weil sie mit der Billigkonkurrenz aus dem Ausland nicht mehr mitzuhalten vermögen.

Nur 1 km nach Riveo, bei der Brücke über die Maggia vor der Ortschaft Cevio, wird Ihnen beispielhaft vor Augen geführt, was die Folge der intensiven Nutzung der Wasserkraft zur Stromproduktion ist: Im gigantischen Bachbett, das die wilde Maggia einst geformt hat (und nach Unwettern immer noch braucht), fließt sie nun als kümmerliches Rinnsal. Der Biber, ehedem hier heimisch, ist darob ausgestorben.

Sie umfahren Cevio und folgen der Straße via Bignasco Richtung Fusio. Die Straße beginnt zu steigen, aber die herrlichen Flecken, die dazu einladen, sich auf einem Felsen der Sonne entgegenzustrecken und die Füße ins Kristallwasser der Maggia baumeln zu lassen, werden nicht weniger. Ab dem hübschen Ort Prato Sornico wirds gebirgig und steil. Im Flecken *Peccia* fallen Ihnen bestimmt die Skulpturen aus herrlichem weißem Marmor auf. Hier ist eine *Bildhauerschule* ansässig, die auch für Anfänger Kurse anbietet *(Scuola di Scultura, Tel. 09 17 55 13 04, www.scultura.ch, man spricht auch Deutsch)*. Der edle Rohstoff ist nicht weit: Biegen Sie in Peccia Richtung Piano di Peccia ab, und lassen Sie Ihr Auto im Dörfchen stehen. Eine kurze Wanderung führt Sie, entlang eines romantischen Flüsschens, zum *Steinbruch der Cristallina SA (Tel. 09 17 55 12 21)*. Glänzend weiß ist der Marmor, den der Berg hier preisgibt – ein unvergesslicher Anblick.

Insider Tipp

Wilde Sprünge, heiße Ritte

Biken, Wandern, Flussbaden: Das Tessin ist ein Outdoorparadies mit reichlich Adventurepotenzial

Das Tessin mit seiner zum Teil spektakulären Landschaft bietet Bewegungshungrigen von der anspruchsvollen Klettertour bis zur gemütlichen Wanderung eine enorme Fülle an Möglichkeiten, sich sportlich zu betätigen.

ADVENTURE

So umstritten Canyoning ist: Eine Tour im Neoprendress in den Tessiner Bergbächen ist eine ganz intensive Art, dem abgründigen, schroffen Tessiner Naturraum näher zu kommen. Erfahrenster Tessiner Abenteueranbieter ist das *Trekking Team (Ostern–Okt., Casa Rosina, Tegna, Tel. 09 17 80 78 00, www. trekking.ch).* Es bietet professionell geführte Canyoningtouren in den Tälern des Locarnese (ab 125 Franken). An der Staumauer der Verzasca bei Vogorno können Sie James Bond imitieren: Für 255 Franken segeln Sie als Bungeejumper am elastischen Seil 220 m in die Tiefe – wie 007 im Film »Goldeneye«. Und bei Intragna gibts Brückenspringen mit 70 m freiem Fall.

Bei einer Wanderung von der Val Bavona in den Talkessel von Robiei erleben Sie unverfälschte Bergwelt

GOLF

Im Tessin gibt es drei 18-Loch-Plätze. Die Anlage in Ascona befindet sich beim Maggiadelta *(Tagespass 140 Franken, Via Lido, Tel. 09 17 91 21 32, www.golf.ascona. ch).* Das Green in Magliaso 15 Autominuten von Lugano ist wunderschön gelegen *(90 Franken, Sa/ So 110 Franken, Tel. 09 16 06 15 57, www.golflugano.ch).* Ganz neu ist der prächtig gestaltete Golfplatz Gerre am Fluss Melezza in Losone *(80 Franken, Sa/So 100 Franken, Tel. 09 17 85 10 90, www.golfger relosone.com).*

KLETTERN

Die Granit- und Gneisplatten der Felswände und die auf vielen Talböden herumliegenden Felsbrocken laden zum Sportklettern ein. Die beliebtesten Gebiete liegen um Locarno, in Ponte Brolla, Avegno und Arcegno. Kletterfelsen gibts in Cresciano in der Riviera nördlich von Bellinzona. Ein ganz scharfes Abenteuer ist die längste künstliche Kletterroute der Welt an der Mauer des Luzzonestaudamms im Bleniotal *(Tel. 09 18 72 14 87, www.blenio. com).* Am nördlichen Rand von Bel-

Insider Tipp

linzona ist für Freeclimber ein großzügig gestalteter *Freiluftklettergarten (Via Pedemonte, Tel. 09 18 29 28 62)* mit über 20 Routen eingerichtet worden.

RADFAHREN

Die anspruchsvolle Topografie schreckt viele Touristen ab, das Rad mitzunehmen. Aber wer ein bisschen Kondition hat, kommt zu phantastischen Erlebnissen. Namentlich der herbe Charakter der Leventina lässt sich auf dem Rad hautnah erleben. Die 40 km von Airolo bis Biasca können auch untrainierte Radler – praktisch ununterbrochen abwärts fahrend – genießen. Einfache, weil flache Radlerreviere gibt es zwischen Locarno und Bellinzona in der Magadinoebene sowie an den Ufern des Luganer Sees auf der Rundstrecke Lugano–Morcote–Figino–Lugano. Ansonsten darf Steigungen nicht scheuen, wer sich im Tessin in den Sattel schwingt. Die 70 km lange, grenzüberschreitende Rundstrecke ab Locarno nach Cannobio, durch Cannobinatal und Centovalli zurück nach Locarno lässt keine Wünsche offen. Die rauschende Abfahrt durch die 1000 Kurven der Centovalli lässt jedes Radfahrerherz höher schlagen – jedenfalls dasjenige der Rennradfahrer. Aber auch Mountainbiker finden im Tessin ein grandioses Betätigungsfeld: die Capriasca bei Lugano beispielsweise. Die Tour von Tesserete auf den Monte Bar auf markierten Bikewegen ist ein sensationelles Landschaftserlebnis. Die erstklassige Aussicht entschädigt für den anstrengenden Anstieg. Informationen und Tourenvorschläge bei Ticino Turismo in Bellinzona oder unter *www.tourenguide.ch.* Leihräder guter Qualität erhalten Sie an den Bahnhöfen Airolo, Bellinzona, Locarno, Lugano und Mendrisio.

REITEN

Das Maggiatal können Sie auch zu Pferd erkunden: Die *Ranch Amlögna (Tel. 09 17 53 28 53)* im Dorf Maggia bietet vom stundenweisen Ausritt bis zum zweitägigen Trekking eine breite Palette.

WANDERN

Das Wanderparadies Tessin ist nicht zu unterschätzen: Im Vergleich zur Alpennordseite ist das Gelände deutlich steiler, und man geht relativ häufig auf ausgesetzten Wegen, die Schwindelfreiheit erfordern. Unter den Tessiner Wanderwegen gibt es Klassiker – etwa die ★ *Traversata* vom Monte Lema auf den Monte Tamaro im Malcantone bei Lugano. Erreichbar ist der famose Aussichtsberg Monte Lema mit der Kabinenbahn *(Jan.–Okt. tgl. 8.30–18 Uhr)* aus dem Dorf Miglieglia. Die Gratwanderung verlangt Ihnen etwas Trittsicherheit und knappe fünf Stunden Marschdauer ab – am besten im Frühjahr oder Herbst, im Sommer brennt die Sonne auf den baumlosen Graten zu stark. Von der Alpe Foppa am Monte Tamaro – wo im Übrigen Mario Bottas Bergkirche Santa Maria degli Angeli lockt – fährt Sie eine Seilbahn hinunter nach Rivera *(tgl. 8.30–17 Uhr).* Ein anderer Klassiker ist die Höhenwanderung über die *Strada alta* an der linken Talflanke der Leventina. Sie führt aus dem alpinen Ambiente Airolos hinunter in die Riviera bei Biasca, wo die Kastanienhaine und Rebberge des Südens beginnen. Die topografisch leichte Wanderung unterteilt man am besten in drei Tagesetappen (Airolo–Osco, Osco–Anzonico, Anzonico–Biasca). Informationen bei der Touristeninformation in Airolo *(Tel. 09 18 69 15 33)*. Tipps für weitere, meist einfache Wanderungen: *www.tourenguide.ch*

WASSERSPORT & FLUSSBADEN

In Ascona, Brissago und Lugano gibt es Segel- und Yachtclubs (Informationen auf *www.segeln.ch/clubs08.htm*). Von den Windverhältnissen her sind allerdings weder der Luganer See noch der Lago Maggiore ideale Ziele für Segler und Surfer. Taucher und Sonnenanbeter hingegen finden im Tessin paradiesische Zustände. Auf keinen Fall verpassen dürfen Sie ein prickelndes Bad in einem der Flüsse im Hinterland von Locarno. Berühmt ist das Verzascatal, weil der Fluss pittoreske Formen in sein Felsenbett geschliffen hat. Diese einzigartige Unterwasserwelt zieht vor allem Taucher an. Allerdings ist der Fluss nicht ungefährlich. Unterirdische Abflüsse verursachen kaum wahrnehmbare Sogwirkungen. Wer in einen Strudel gerät, hat meist keine Chance, wieder herauszukommen. Zu den Musts für Flussbadende gehört auch die Maggia. Unmittelbar nach der wilden Schlucht von Ponte Brolla formt sie sogar einen kleinen Sandstrand. Je weiter man sich von Locarno entfernt, desto einsamer und romantischer wird das Flussbad: Bei den Dörfern Brontallo und Broglio im oberen Maggiatal finden Sie wenig besuchte natürliche Felswannen. Wer sich dem gemütlichen Sonnenbad hingeben will, tut dies am besten in einem Lido Comunale, einem öffentlichen Strandbad am See. Unübertroffen ist die Uferzone des Gambarogno. Die Wasserqualität in den Seen wird regelmäßig überprüft. Sie ist in den schweizerischen Teilen einwandfrei.

Für Wasserratten sind Bergbäche wie die Maggia ein Traum

Sonne, Saurier, Schokolade

Im Tessin gilt das italienische Credo: Kinder dürfen überallhin mitkommen

Im Tessin regiert die sprichwörtliche italienische Kinderfreundlichkeit. Kinder dürfen fast überallhin mitkommen. Das heißt allerdings nicht, dass im Tessin kinderfreundliche Angebote eine Selbstverständlichkeit sind – im Gegenteil. Originelle Kinderspielplätze gibt es kaum, Kinderteller in Restaurants gehen selten über den Standard von Pommes frites oder Chicken Nuggets hinaus. Und Museen, deren Didaktik kindgerecht ist, sind selten.

Das alles spricht indessen nicht dagegen, mit Kids ins Tessin zu fahren: Das milde Klima beseelt auch Kinder. Und die besten Abenteuer sind ohnehin nicht diejenigen, die schlaue Erwachsene ersonnen haben. Oder was gibt es Schöneres, als am Flussufer Steinfiguren aufzuschichten, Sandburgen zu bauen und sich gegenseitig mit kühlem Wasser zu bespritzen? Solche Erlebnisse bietet das Tessin in Hülle und Fülle.

Ein ganz spezielles Angebot finden Sie im traumhaft schönen Calancatal im italienischsprachigen Teil Graubündens unweit von Bellinzona: Die Familie Dussex-von

Bei Badewetter ist Tessinurlaub mit Kindern ein Selbstgänger

Lerber hält für die schweizerische Pfadfinderstiftung im Dörfchen Cauco für Gruppen und Familien schöne, einfache Häuser und einen Zeltplatz zu moderaten Preisen bereit *(Casa della Monda, Cauco, Tel. 09 18 28 13 22, www.calancatal. ch)*. Im Sommer werden spezielle Familienferien organisiert.

Maurizio und Lucia Lorenzetti geben Einblick in ihren biologisch geführten Bauernhof *La Ghiandaia (Tel. 09 17 53 18 93, www.agriturismo.ch)* im Dorf Maggia im gleichnamigen Tal. Bleibende Erlebnisse im Kontakt mit Kühen, Schweinen und Ziegen sind garantiert. Die Lorenzettis verpflegen bis zu zehn Personen, übernachtet wird im Stroh. Vermietung von Fahrrädern und Ausflüge mit Pferden. Im hoch gelegenen, pittoresken Bergdorf Cimalmotto können die Gäste der Lorenzettis überdies hautnah am Alpleben teilhaben.

NORDTESSINER TÄLER

Piscina Coperta Bellinzona [112 A–B3]
Ein guter Tipp für regnerische Tage: In Bellinzona finden Sie das einzige öffentliche Hallenbad im Tessin nördlich des Monte Ceneri. *Mo,*

Mi, Do, Sa, So 10–18, Di und Fr 12 bis 18 Uhr, 8 Franken, Kinder 5 Franken, Via Brunari

LOCARNESE

Insider Tipp **Bagno Pubblico Ascona** **[111 E4]**

Ein öffentliches Strandbad mag auf den ersten Blick keine Kinderattraktion sein – ist es in diesem Fall aber doch. Traumhafte Lage mit Ausblick über den See Richtung Italien, flacher, für Kinder ungefährlicher Kieselstrand, entspannte Atmosphäre mit vielen Tessiner Familien. Im Restaurant kann man sich bestens und preiswert verpflegen. *Eintritt frei, Via Fenaro*

Cardada **[111 E3]**

★ Die Locarnesi haben ihren Aussichtsberg tüchtig herausgeputzt. Von Stararchitekt Mario Botta stammt das gewagte Design der neuen Seilbahnkabinen sowie der Tal- und der Bergstation. Die 40-plätzigen Gondeln sind bis hinunter zum Kabinenboden verglast – der transparente Blick in die Tiefe ist gewöhnungsbedürftig.

Bei der Bergstation Cardada ist ein Insider Tipp 1,2 km langer Spazierweg eigens den Kindern gewidmet worden – ein Spielgerät reiht sich ans nächste. Ein Erlebnis für die ganze Familie ist der Gang hinaus auf den granitenen Aussichtssteg, von dem Sie eine atemberaubende Rundsicht auf den Lago Maggiore und die Tessiner Bergwelt genießen. *Drahtseilbahn Locarno–Orselina, Luftseilbahn Orselina–Cardada, Mitte Dez.–Mai und Okt. Mo–Do 9 bis 18, Fr–So sowie Juni–Sept. tgl. 8 bis 20 Uhr, hin und zurück 35 Franken, Kinder 13,50 Franken, www.cardada.ch*

LUGANESE

Museo del Cioccolato **[114 C2]**

Die süße Verführung bei regnerischem Wetter in der Schokoladenfabrik Alprose in Caslano. *Mo–Fr 9 bis 18, Sa/So 9–17 Uhr, Via Rompada 36, www.alprose.ch, 3 Franken, Kinder 1 Franken*

Museo Doganale Svizzero **[115 D1–2]**

Das skurrile Zollmuseum begeistert junge Detektive: Die ehemalige Grenzwachtkaserne ist nur mit dem Schiff erreichbar, die Ausstellungen aber sind als moderne Erlebniskultur inszeniert. *Cantine di Gandria gegenüber von Gandria, April–Okt. tgl. 13.30–17.30 Uhr, Schiff um 13 Uhr ab Lugano-Giardino und Lugano-Centrale, Eintritt frei*

Sentiero delle Meraviglie **[114 C2]**

Herrlich gelegener Erlebnis- und Lehrpfad in den Wäldern des Malcantone. Ausgangspunkt ist die Ortschaft Novaggio, die ab Lugano mit dem Postauto problemlos erreichbar ist. 13 Schautafeln geben Einblick in die Zeit des 19. Jhs., als man in der Region nach Erzen und Metallen suchte. Bei Miglieglia gibt es Schlossruinen, die zum Versteckspiel anregen. Dauer der Wanderung vier bis sechs Stunden.

Swissminiatur Melide **[115 D2]**

Die touristischen Attraktionen der Schweiz im Gartenzwergformat: ein sicheres Vergnügen für Väter, Mütter und Kinder. Eindrücklich, mit welcher Detailliebe die Schweiz nachgebaut worden ist, skurril, dass die Forellen im Teich größer sind als die Miniatur-Rheinschiffe. Vor allem für Kinder eine wahre Freu-

Swissminiatur: die ganze Schweiz im Gartenzwergformat

de. *März–Okt. tgl. 9–18 Uhr; 12 Franken, Kinder 7 Franken, www. swissminiatur.ch*

Zoo Al Maglio [114 C2]

Der einzige Tierpark im Tessin mit Löwen, Tigern, Panthern, Bären, Affen und exotischen Vögeln, gelegen im Dorf Magliaso bei Lugano. Tiere füttern erlaubt! *April–Okt. tgl. 9–19, Nov.–März 10–17, 8 Franken, Kinder 4 Franken*

MENDRISIOTTO

Aquapark California in Balerna [115 D4]

Wasserspaß im Tessiner Südzipfel: Über zwei Rutschbahnen von 100 und 120 m Länge fegt man volle Pulle ins Wasser, eine Wellenanlage simuliert Meeresbrandung – und im Kinderbecken ist ohnehin für Hochbetrieb gesorgt. Mit ausgebautem Wellnessbereich. Ein sicherer Spaß für die ganze Familie, bei Re-

gen und Sonne. *Mo–Fr 9–22, Sa/So 9–19 Uhr; Via San Gottardo, 16 Franken, Kinder 9 Franken*

Museo Paleontologico in Meride [114–115 C–D3]

»Ticinosuchus« und »Sangiorgiosaurus«: So heißen die beiden berühmtesten Saurier, die am Monte San Giorgio gefunden wurden. Experten sprechen von einer weltweit einmaligen Fossilienfundstelle, die wichtige Rückschlüsse auf die Evolution zulässt. Einen Einblick in die faszinierende Welt bietet das kleine *Fossilienmuseum (tgl. 8–18 Uhr, Eintritt frei, www.montesangiorgio.ch)* im Gemeindehaus von Meride. Ergänzt wird das Museum durch einen vierstündigen, landschaftlich lohnenden *Naturlehrpfad (ausgeschildert, ab Serpiano oder Meride)* um den Monte San Giorgio, der Sie auch mit der beispiellosen Insektenvielfalt des interessanten Berges vertraut macht.

Angesagt!

Was Sie wissen sollten über Trends, die Szene und Kuriositäten im Tessin

birino & gazzosa

Der *aperitivo* gehört – gemäß italienischer Tradition – zu den erhebenderen Momenten des Tages. Den *analcolico* kurz vor 12, den *birino,* das Feierabendbierchen, nach 18 Uhr, die *gazzosa,* die Tessiner Limonade, zwischendurch – diese Gewohnheiten takten den Tessiner Alltag. Entsprechend gibt es Aperobars in Hülle und Fülle, wo man genießt, schaut und flirtet.

Abtanzen & auskühlen

Die scharfen Rhythmen der jungen Nächte lassen auch das Tessin erbeben. Wer im Urlaub abtanzen will, ist an Wochenenden in Lugano gut bedient – samt Chill-out. Wers eher eleganter schätzt, kommt auch nicht zu kurz: Das Tessin hat eine äußerst lebendige Tangoszene, die *Amici del Tango Argentino (www.amitango.ch)* organisieren praktisch wöchentlich öffentliche Tanzevents.

Bauchfrei & Gel

Das Tessin liegt in den Schweizer Bergen – aber abends beim Ausgehen sind Sie tief in Italien. Was getragen und gezeigt wird, gibt der Modetrendsetter Italien vor. Weil es im Tessin praktisch keine Modeshows gibt, fungieren die Piazze der Tessiner Städte am Freitag- und Samstagabend als natürliche Laufstege. Eingekauft wird in Como oder Mailand. Zurzeit besonders angesagt: bauch-freie Textilien und gegelte Haare.

Gotthard & Zappa

Der Gotthard ist ein schweizerischer Mythos – die Rockband Gotthard *(www.gotthard.com)* ein Tessiner Erfolgsprodukt. Bandleader Steve Lee ist ein waschechter Ticinese, die englisch gesungene Musik allerdings hat mit traditioneller Tessiner Musik nichts gemein. Sie ist international, hitparadengängig und ein kommerzieller Renner – und deshalb ein Symbol für die Weltläufigkeit des modernen Tessins. Mehr Tessin in die Musik bringt ein anderer, Stillerer: Marco Zappa, die Tessiner Version des italienischen *cantautore.*

Von Anreise bis Zoll

Hier finden Sie kurz gefasst die wichtigsten Adressen und Informationen für Ihre Tessinreise

ANREISE

Auto

Über Basel bzw. Schaffhausen/Zürich gelangen Sie auf die Gotthardroute. Wer aus Richtung München/Österreich kommt, wählt die A 13 über Chur, die über den San-Bernardino-Pass ins Tessin führt.

Bahn

Eurocityzüge sowie mehrere Intercitys täglich führen direkte Wagen aus Dortmund/Basel und Stuttgart/Zürich über die Gotthardstrecke durchs Tessin nach Italien und zurück. Wer aus München/Wien auf der Schiene ins Tessin reist, steigt in Zürich um. Erkundigen Sie sich über die diversen Sparangebote der Schweizerischen Bundesbahnen *(www.sbb.ch)*.

Flugzeug

Der Flughafen Lugano-Agno wird mit Zwischenlandung in Zürich von zahlreichen Städten angeflogen. Unter Umständen lohnt sich auch ein Flug nach Mailand-Malpensa.

AUSKUNFT

Schweiz Tourismus

Schweiz Tourismus erreichen Sie schriftlich in Deutschland *(Postfach 16 07 54, 60070 Frankfurt)* und in Österreich *(Postfach 34, 1015 Wien)*. Prospekte oder Informationen können gebührenfrei über *Telefon (008 00 10 02 00 30)* oder *Fax (008 00 10 02 00 31)* angefordert werden.

Ticino Turismo

Ticino Turismo, Villa Turrita, 6501 Bellinzona, Tel. 09 18 25 70 56, Fax 09 18 25 36 14, www.tourism-ticino.ch

AUTO

Die schweizerischen Autobahnen sind mautpflichtig (Jahresvignette 40 Franken). Geschwindigkeitsbeschränkungen: innerorts 50, außerorts 80, auf Autobahnen 120 km/h. Die Promillegrenze liegt bei 0,8. Pannenhilfe: *Tel. 140*

BANKEN & GELD

Die üblichen Öffnungszeiten sind Mo–Fr 8.30–12 und 13.30–16.30 Uhr. Viele Banken haben Geldautomaten *(bancomat)*. Sie können im Tessin praktisch überall mit Euronoten bezahlen, erhalten aber das Rückgeld in Franken.

CAMPING

Das Tessin verfügt über knapp 50 Campingplätze. Das Spektrum reicht von regelrechten Zeltstädten an den großen Seen bis zu pittoresken Kleinplätzen in den Bergen. Wildes Campen wird nicht geduldet!

DIPLOMATISCHE VERTRETUNGEN

Deutsches Konsulat
Via Soave 9, Lugano, Tel. 09 19 22 78 82

Österreichisches Konsulat
Via Pretorio 7, Lugano, Tel. 09 19 23 56 81

EINREISE

Für Deutsche und Österreicher genügt der Personalausweis.

EINTRITTSPREISE

Museen kosten meist zwischen 3 und 6 Franken, in Lugano müssen Sie ungefähr mit dem Doppelten rechnen. Bei größeren Anlagen müssen Sie mit 7 (Parco Scherrer, Zoo in Magliaso) bis 12 Franken (Swissminiatur) rechnen. Fast immer gibt es Kinderermäßigungen.

FERIENWOHNUNGEN

Das Angebot reicht von prunkvollen Villen bis zu einfachen Steinhäuschen, die Spannweite der Preise ist enorm, vom einfachen *rustico* für 150 bis zur luxuriösen Ferienwohnung für über 1300 Euro pro Woche. Eine zentrale Vermietungsstelle existiert nicht. Eine verhältnismäßig einfache Art, zu einem *rustico* als Ferienwohnung zu kommen, bietet sich im Bleniotal: *Nara Tour-Rustici* in *Leontica* vermietet rund 30 teilweise sehr hübsche Objekte *(Tel. 09 18 71 19 71, Fax 09 18 71 10 34, www.rustici.ch).*

€	CHF	CHF	€
1	1,46	1	0,68
2	2,93	2	1,37
3	4,39	3	2,05
5	7,32	5	3,42
7	10,24	7	4,79
8	11,70	8	5,47
9	13,17	9	6,15
10	14,63	10	6,84
50	73,15	50	34,18

ÖFFENTLICHE VERKEHRSMITTEL

Die größeren Orte werden von Stadtbussen erschlossen, die Täler bedient die Post mit den gelben Postautos, die Seen befahren Linienschiffe. Sie kommen mit öffentlichen Verkehrsmitteln praktisch überall hin und können so ohne Weiteres auch Wanderungen unternehmen, bei denen Sie nicht an den Ausgangspunkt zurückkehren müssen.

INTERNET

Gute Websites zum Tessin sind rar. Die komplette touristische Infopalette zur Schweiz ist auf *www.my switzerland.com* abrufbar. Die Seiten des Tessiner Tourismusverbands *(www.tourism-ticino.ch)* enthalten allgemeine Tessininformationen. *www.ticinonline.ch* ist das Tessiner Newsportal mit Nachrichten und Übersicht über die Inhalte der Tessiner Tageszeitungen. *www.ti.ch* ist die offizielle Homepage des Kantons Tessin. Über Wetteraussichten, Pollenflug oder Windverhältnisse informiert *www.meteoschweiz.ch*.

ÖFFNUNGSZEITEN

Mo–Fr 8–18.30, Sa 8–17 Uhr, am Do Abendverkauf bis 21 Uhr, die verlängerte italienische Mittagspause wird praktisch nirgends praktiziert. In ausgesprochenen Touristengebieten werden in der Saison flexiblere Ladenöffnungszeiten mit täglichem Abendverkauf und Sonntagsöffnungen praktiziert.

INTERNETCAFÉS

– *Pardo-Bar, Locarno, Via della Motta 3, Tel. 09 17 52 21 23*
– *CityNet, Lugano-Zentrum, Piazza Riforma 2*
– *Snack Bar Internet, Lugano-Manno, Centro Galleria 1, Via Cantonale, Nähe Autobahnausfahrt Lugano-Nord, Tel. 09 16 10 84 20*

Was kostet wie viel?

Kaffee um 1,50 Euro für eine Tasse Espresso

Imbiss um 5,50 Euro für ein belegtes *panino*

Wein um 4,50 Euro für einen Viertelliter Wein

Wasser um 2,40 Euro für ein Fläschchen

Benzin um 95 Cent für 1 l Super bleifrei

Busfahrt ca. 13 Euro Hin- und Rückfahrt von Locarno nach Lavertezzo

NOTRUF

Rettungsdienst *(pronto soccorso)* 144
Polizei *117*
Feuerwehr *(pompieri) 118*

POST

Für die größeren Postämter gilt: Mo bis Fr 7.30–12 und 13.45–18, Sa 7.30–11 Uhr. Porto für Standardbriefe und Postkarten nach Deutschland und Österreich 1,20, für die schnellere A-Post 1,30 Franken.

TELEFON & HANDY

Vorwahl nach Deutschland 0049, nach Österreich 0043. Die Vorwahl für die Schweiz ist 0041, innerhalb der Schweiz benötigen Sie keine Vorwahl. Rufen Sie aus Deutschland oder Österreich an, entfällt die Null am Beginn der Teilnehmernummer. Telefonzellen funktionieren nur mit Taxcards, die die Poststellen verkaufen. Mit dem Handy können Sie in einigen Tälern Schwierigkeiten haben.

ZEITUNGEN

Di, Do und Sa erscheint die deutschsprachige »Tessiner Zeitung« mit ausführlichem Veranstaltungskalender. Sie wird am Kiosk verkauft und liegt im Sommer an Bahnhöfen und in vielen Hotels gratis aus. An Kiosken finden Sie die aktuellen Ausgaben aller wichtigen deutschsprachigen Zeitungen und Zeitschriften.

ZOLL

Zu jedem Tessinbesuch gehört eine Schnäppchentour nach Italien. Zollfrei importieren – aus Italien in die Schweiz sowie bei der Heimreise aus der Schweiz in die EU – dürfen Sie 2 l Wein oder 1 l Hochprozentiges, 200 Zigaretten oder 50 Zigarren sowie Souvenirs im Wert von 200 Franken bzw. 175 Euro.

Wetter in Lugano

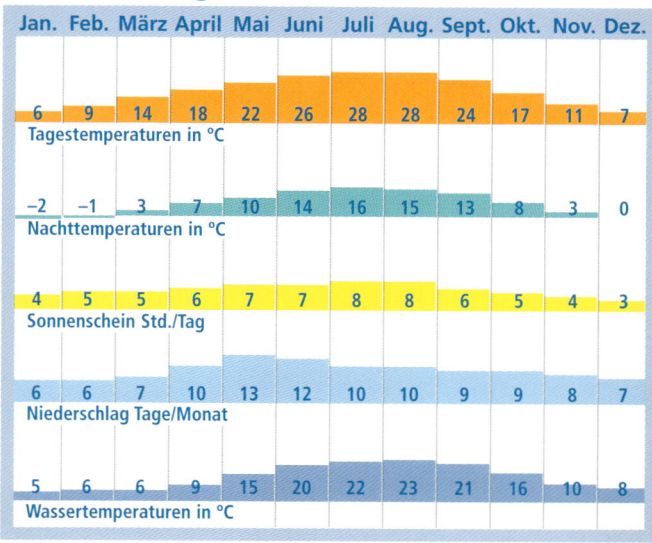

	Jan.	Feb.	März	April	Mai	Juni	Juli	Aug.	Sept.	Okt.	Nov.	Dez.
Tagestemperaturen in °C	6	9	14	18	22	26	28	28	24	17	11	7
Nachttemperaturen in °C	−2	−1	3	7	10	14	16	15	13	8	3	0
Sonnenschein Std./Tag	4	5	5	6	7	7	8	8	6	5	4	3
Niederschlag Tage/Monat	6	6	7	10	13	12	10	10	9	9	8	7
Wassertemperaturen in °C	5	6	6	9	15	20	22	23	21	16	10	8

Parli italiano?

»Sprichst du Italienisch?«
Dieser Sprachführer hilft Ihnen, die wichtigsten
Wörter und Sätze auf Italienisch zu sagen

Zur Erleichterung der Aussprache:

c, cc	vor »e, i« wie deutsches »tsch« in deutsch, Bsp.: die**c**i, sonst wie »k«
ch, cch	wie deutsches »k«, Bsp.: pa**cch**i, **ch**e
ci, ce	wie deutsches »tsch«, Bsp.: **ci**ao, **ci**occolata
g, gg	vor »e, i« wie deutsches »dsch« in Dschungel, Bsp.: **g**ente
gl	ungefähr wie in »Familie«, Bsp.: fi**gl**io
gn	wie in »Kognak«, Bsp.: ba**gn**o
sc	vor »e, i« wie deutsches »sch«, Bsp.: u**sc**ita
sch	wie in »Skala«, Bsp.: I**sch**ia
sci	vor »a, o, u« wie deutsches »sch«, Bsp.: la**sci**are
z	immer stimmhaft wie »ds«

Ein Akzent steht im Italienischen nur, wenn die letzte Silbe betont wird. In den übrigen Fällen haben wir die Betonung durch einen Punkt unter dem betonten Vokal angegeben.

AUF EINEN BLICK

Ja./Nein.	Sì./No.
Vielleicht.	Forse.
Bitte./Danke.	Per favore./Grazie.
Gern geschehen.	Non c'è di che!
Entschuldigen Sie!	Scusi!
Wie bitte?	Come dice?
Ich verstehe Sie/dich nicht.	Non La/ti capisco.
Ich spreche nur wenig ...	Parlo solo un po´di ...
Können Sie mir bitte helfen?	Mi può aiutare, per favore?
Ich möchte ...	Vorrei ...
Haben Sie ...?	Ha ...?
Wie viel kostet es?	Quanto costa?
Wie viel Uhr ist es?	Che ore sono?/Che ora è?

KENNENLERNEN

Guten Morgen!/Tag!	Buon giorno!
Guten Abend!	Buona sera!

Gute Nacht!	Buọna nọtte!
Hallo!/Grüß dich!	Ciạo!
Wie geht es Ihnen/dir?	Cọme sta?/Cọme stai?
Danke. Und Ihnen/dir?	Bẹne, grạzie. E Lei/tu?
Ich heiße…	Mi chiạmo…
Auf Wiedersehen!	Arrivedẹrci!
Tschüss!	Ciạo!
Bis bald!	A prẹsto!
Bis morgen!	A domạni!

UNTERWEGS

Auskunft

links	a sinịstra
rechts	a dẹstra
geradeaus	dirịtto
nah	vicịno
weit	lontạno
Wie weit ist das?	Quạnti chilọmetri sọno?
Ich möchte … mieten.	Vorrẹi noleggiạre …
… ein Auto …	… ụna mạcchina.
… ein Fahrrad …	… ụna biciclẹtta.
Bitte, wo ist …	Scụsi, dov'è …
… der Bahnhof?	… la stazịone?
… die Haltestelle?	… la fermạta?
Eingang/Einstieg	salịta/entrạta
Ausgang/Ausstieg	discẹsa/uscịta

Panne

Ich habe eine Panne.	Ho un guạsto.
Würden Sie mir einen Abschleppwagen schicken?	Mi potrẹbbe mandạre un cạrro-attrẹzzi?
Gibt es hier in der Nähe eine Werkstatt?	Scụsi, c'è un'officịna qui vicịno?

Tankstelle

Wo ist bitte die nächste Tankstelle?	Dov'è la prọssima stazịone di servịzio, per favọre?
Ich möchte … Liter …	Vorrẹi … lịtri di …
… Normalbenzin.	… benzịna normale.
… Super./… Diesel.	… sụper./… gasọlio.
Voll tanken, bitte.	Il pịeno, per favọre.

Unfall

Hilfe!	Aiụto!
Achtung!/Vorsicht!	Attenzịone!
Rufen Sie bitte schnell …	Chiạmi sụbito …

… einen Krankenwagen.	… un'autoambulanza.
… die Polizei.	… la polizia.
Haben Sie Verbandszeug?	Ha materiale di pronto soccorso?
Es war meine Schuld.	È stata colpa mia.
Es war Ihre Schuld.	È stata colpa Sua.
Geben Sie mir bitte Ihren	Mi dia il Suo
Namen und Ihre Anschrift!	nome e indirizzo, per favore!

ESSEN/UNTERHALTUNG

Wo gibt es hier …	Scusi, mi potrebbe indicare …
… ein gutes Restaurant?	… un buon ristorante?
… ein typisches Restaurant?	… un locale tipico?
Gibt es in der Nähe	C'è una gelateria qui
eine Eisdiele?	vicino?
Reservieren Sie uns bitte	Può riservarci per stasera un
für heute Abend einen	tavolo per quattro persone?
Tisch für vier Personen.	
Auf Ihr Wohl!	(Alla Sua) salute!
Bezahlen, bitte.	Il conto, per favore.
Hat es geschmeckt?	Andava bene?
Das Essen war ausge-	(Il mangiare) era eccellente.
zeichnet.	
Haben Sie einen	Ha un programma delle
Veranstaltungskalender?	manifestazioni?

EINKAUFEN

Wo finde ich …	Dove posso trovare …
… eine Apotheke?	… una farmacia?
… eine Bäckerei?	… un panificio?
… ein Fotogeschäft?	… un negozio di articoli fotografici?
… ein Lebensmittelgeschäft?	… un negozio di generi alimentari?
… den Markt?	… il mercato?
… einen Supermarkt?	… un supermercato?
… einen Tabakladen?	… un tabaccaio?
… einen Zeitungshändler?	… un giornalaio?

ÜBERNACHTEN

Können Sie mir bitte …	Scusi, potrebbe
empfehlen?	consigliarmi …
… ein Hotel …	… un albergo?
… eine Pension …	… una pensione?
Ich habe bei Ihnen ein	Ho prenotato
Zimmer reserviert.	una camera.
Haben Sie noch …	È libera …

... ein Einzelzimmer?	... una singola?
... ein Zweibettzimmer?	... una doppia?
... mit Dusche/Bad?	... con doccia/bagno?
... für eine Nacht?	... per una notte?
... für eine Woche?	... per una settimana?
Was kostet das Zimmer ...	Quanto costa la camera ...
... mit Frühstück?	... con la prima colazione?
... mit Halbpension?	... a mezza pensione?

PRAKTISCHE INFORMATIONEN

Arzt

Können Sie mir einen guten Arzt empfehlen?	Mi può consigliare un buon medico?
Ich habe Durchfall.	Soffro di diarrea.
Ich habe ...	Ho ...
... Fieber.	... la febbre.
... Kopfschmerzen.	... mal di testa.
... Zahnschmerzen.	... mal di denti.

Post

Was kostet ...	Quanto costa ...
... ein Brief ...	... una lettera ...
... eine Postkarte ...	... una cartolina ...
... nach Deutschland?	... per la Germania?

ZAHLEN

0	zero	19	diciannove
1	uno	20	venti
2	due	21	ventuno
3	tre	30	trenta
4	quattro	40	quaranta
5	cinque	50	cinquanta
6	sei	60	sessanta
7	sette	70	settanta
8	otto	80	ottanta
9	nove	90	novanta
10	dieci	100	cento
11	undici	101	centouno
12	dodici	200	duecento
13	tredici	1000	mille
14	quattordici	2000	duemila
15	quindici	10000	diecimila
16	sedici		
17	diciassette	1/2	un mezzo
18	diciotto	1/4	un quarto

Reiseatlas Tessin

**Die Seiteneinteilung für den Reiseatlas finden Sie
auf dem hinteren Umschlag dieses Reiseführers**

Mit freundlicher Unterstützung von

total relaxed in den urlaub: einsteiger-übung

1. lehnen sie sich entspannt zurück und gleiten sie in gedanken zu den cleveren angeboten von holiday autos. stellen sie sich vor, als weltgrösster vermittler von ferienmietwagen bietet ihnen holiday autos

   - mietwagen in über 80 urlaubsländern
   - zu äusserst attraktiven preisen

2. vergessen sie jetzt die üblichen zuschläge und überraschungen. dank

   - alles inklusive tarife
   - wegfall der selbstbeteiligung
   - und min. 1,5 mio € haftpflichtdeckungssumme (usa: 1,1 mio €)

   steht ihr endpreis bei holiday autos von anfang an fest.

3. nehmen sie ganz ruhig den hörer, wählen sie die telefonnummer **0180 5 17 91 91** (12cent/min), surfen sie zu **www.holidayautos.com** oder fragen sie in ihrem reisebüro nach den topangeboten von holiday autos!

kein urlaub ohne

holiday autos

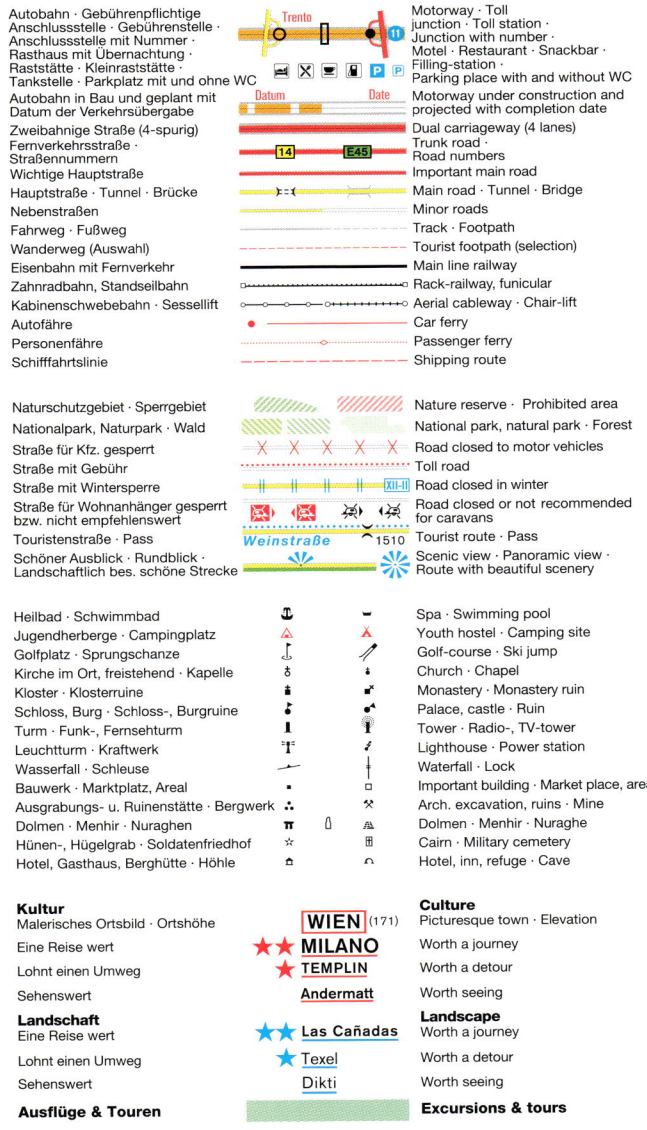

Autobahn · Gebührenpflichtige Anschlussstelle · Gebührenstelle · Anschlussstelle mit Nummer · Rasthaus mit Übernachtung · Raststätte · Kleinraststätte · Tankstelle · Parkplatz mit und ohne WC	Motorway · Toll junction · Toll station · Junction with number · Motel · Restaurant · Snackbar · Filling-station · Parking place with and without WC
Autobahn in Bau und geplant mit Datum der Verkehrsübergabe	Motorway under construction and projected with completion date
Zweibahnige Straße (4-spurig)	Dual carriageway (4 lanes)
Fernverkehrsstraße · Straßennummern	Trunk road · Road numbers
Wichtige Hauptstraße	Important main road
Hauptstraße · Tunnel · Brücke	Main road · Tunnel · Bridge
Nebenstraßen	Minor roads
Fahrweg · Fußweg	Track · Footpath
Wanderweg (Auswahl)	Tourist footpath (selection)
Eisenbahn mit Fernverkehr	Main line railway
Zahnradbahn, Standseilbahn	Rack-railway, funicular
Kabinenschwebebahn · Sessellift	Aerial cableway · Chair-lift
Autofähre	Car ferry
Personenfähre	Passenger ferry
Schifffahrtslinie	Shipping route
Naturschutzgebiet · Sperrgebiet	Nature reserve · Prohibited area
Nationalpark, Naturpark · Wald	National park, natural park · Forest
Straße für Kfz. gesperrt	Road closed to motor vehicles
Straße mit Gebühr	Toll road
Straße mit Wintersperre	Road closed in winter
Straße für Wohnanhänger gesperrt bzw. nicht empfehlenswert	Road closed or not recommended for caravans
Touristenstraße · Pass	Tourist route · Pass
Schöner Ausblick · Rundblick · Landschaftlich bes. schöne Strecke	Scenic view · Panoramic view · Route with beautiful scenery
Heilbad · Schwimmbad	Spa · Swimming pool
Jugendherberge · Campingplatz	Youth hostel · Camping site
Golfplatz · Sprungschanze	Golf-course · Ski jump
Kirche im Ort, freistehend · Kapelle	Church · Chapel
Kloster · Klosterruine	Monastery · Monastery ruin
Schloss, Burg · Schloss-, Burgruine	Palace, castle · Ruin
Turm · Funk-, Fernsehturm	Tower · Radio-, TV-tower
Leuchtturm · Kraftwerk	Lighthouse · Power station
Wasserfall · Schleuse	Waterfall · Lock
Bauwerk · Marktplatz, Areal	Important building · Market place, area
Ausgrabungs- u. Ruinenstätte · Bergwerk	Arch. excavation, ruins · Mine
Dolmen · Menhir · Nuraghen	Dolmen · Menhir · Nuraghe
Hünen-, Hügelgrab · Soldatenfriedhof	Cairn · Military cemetery
Hotel, Gasthaus, Berghütte · Höhle	Hotel, inn, refuge · Cave

Kultur · Malerisches Ortsbild · Ortshöhe — WIEN (171) — **Culture** · Picturesque town · Elevation

★★ MILANO — Eine Reise wert / Worth a journey

★ TEMPLIN — Lohnt einen Umweg / Worth a detour

Andermatt — Sehenswert / Worth seeing

Landschaft / **Landscape**

★★ Las Cañadas — Eine Reise wert / Worth a journey

★ Texel — Lohnt einen Umweg / Worth a detour

Dikti — Sehenswert / Worth seeing

Ausflüge & Touren — **Excursions & tours**

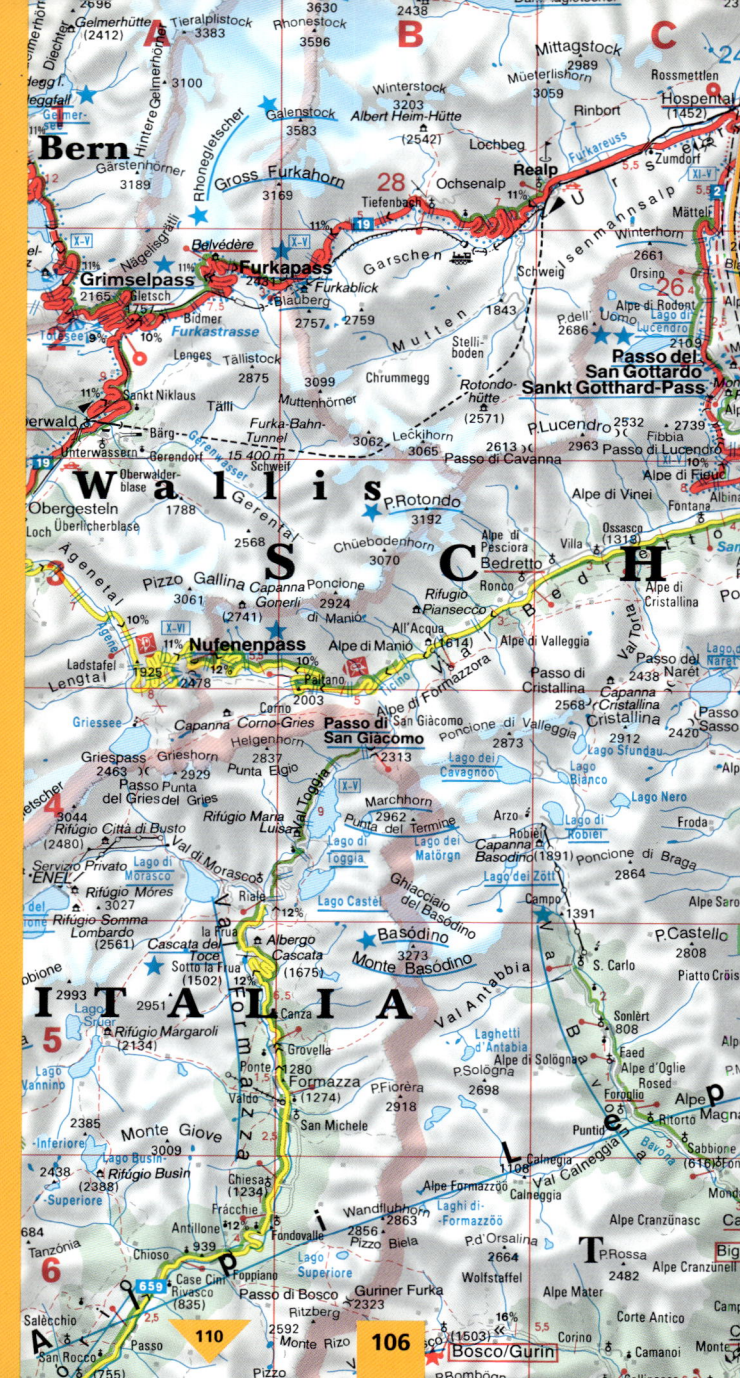

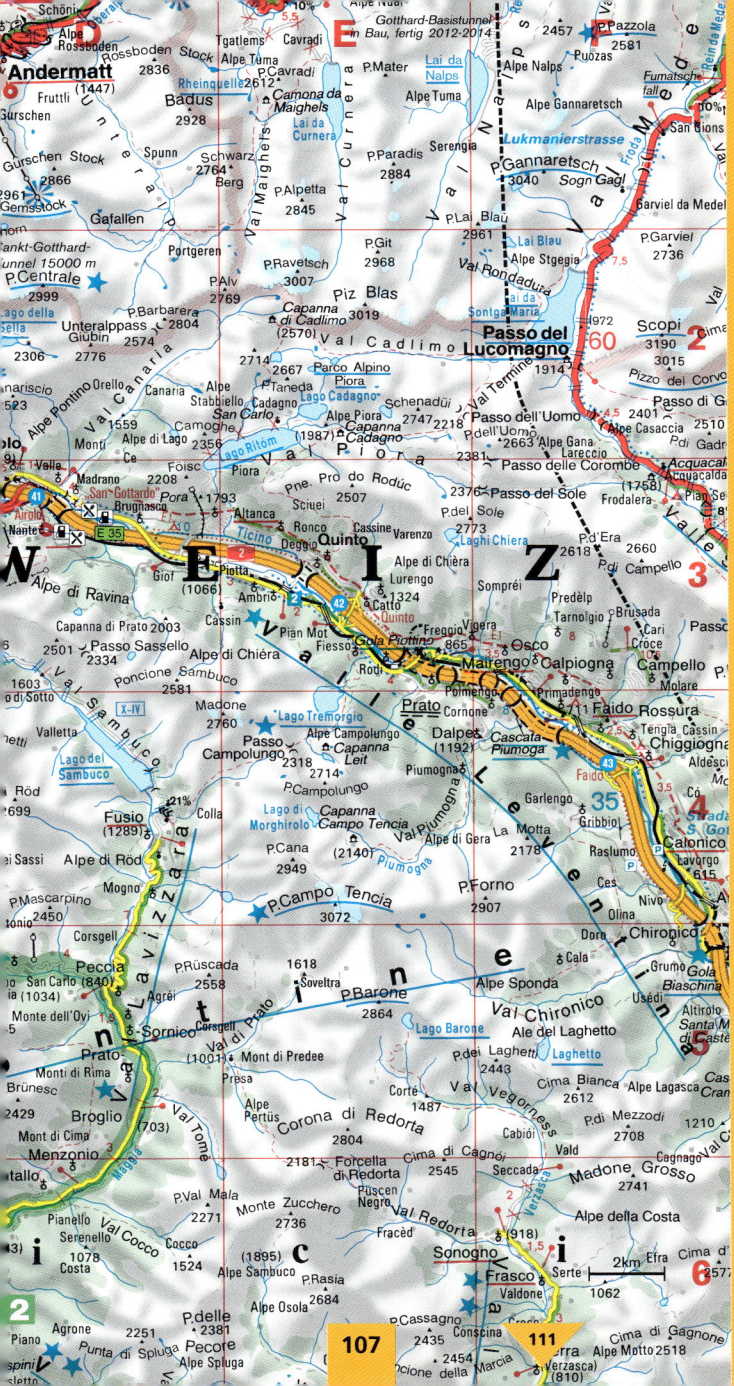

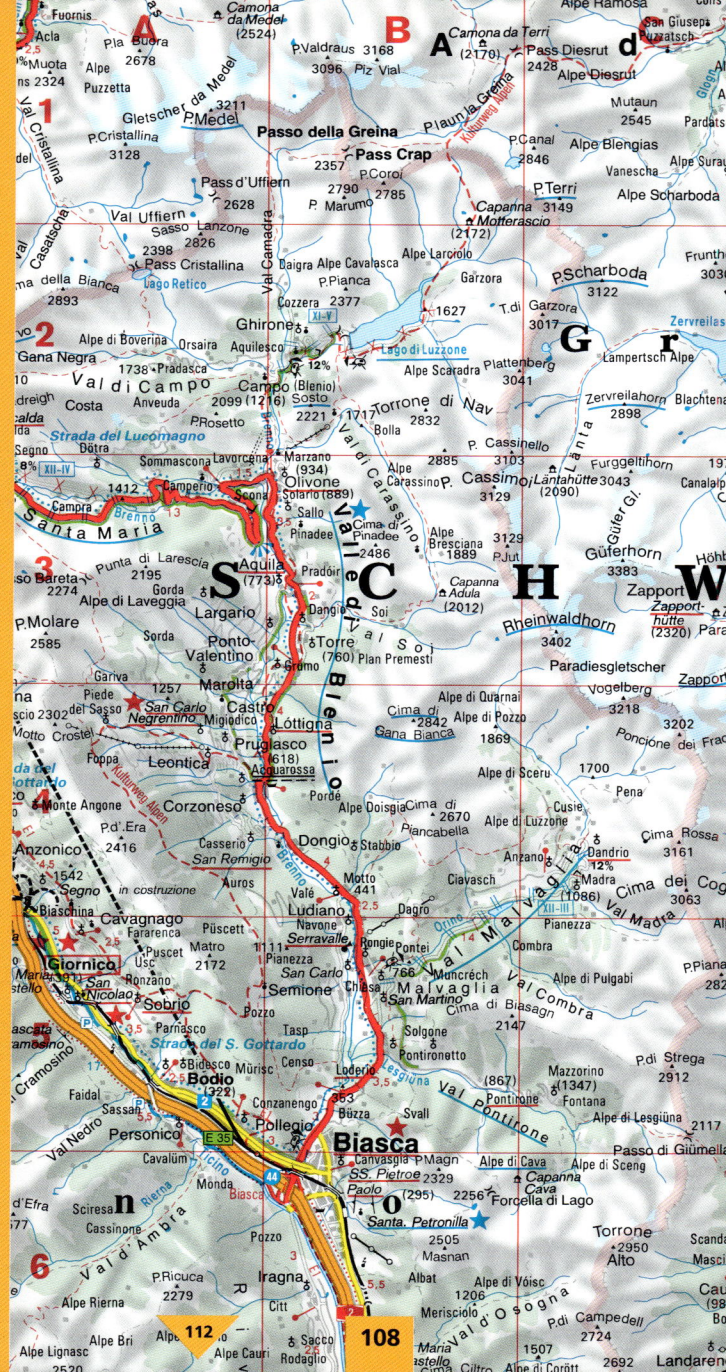

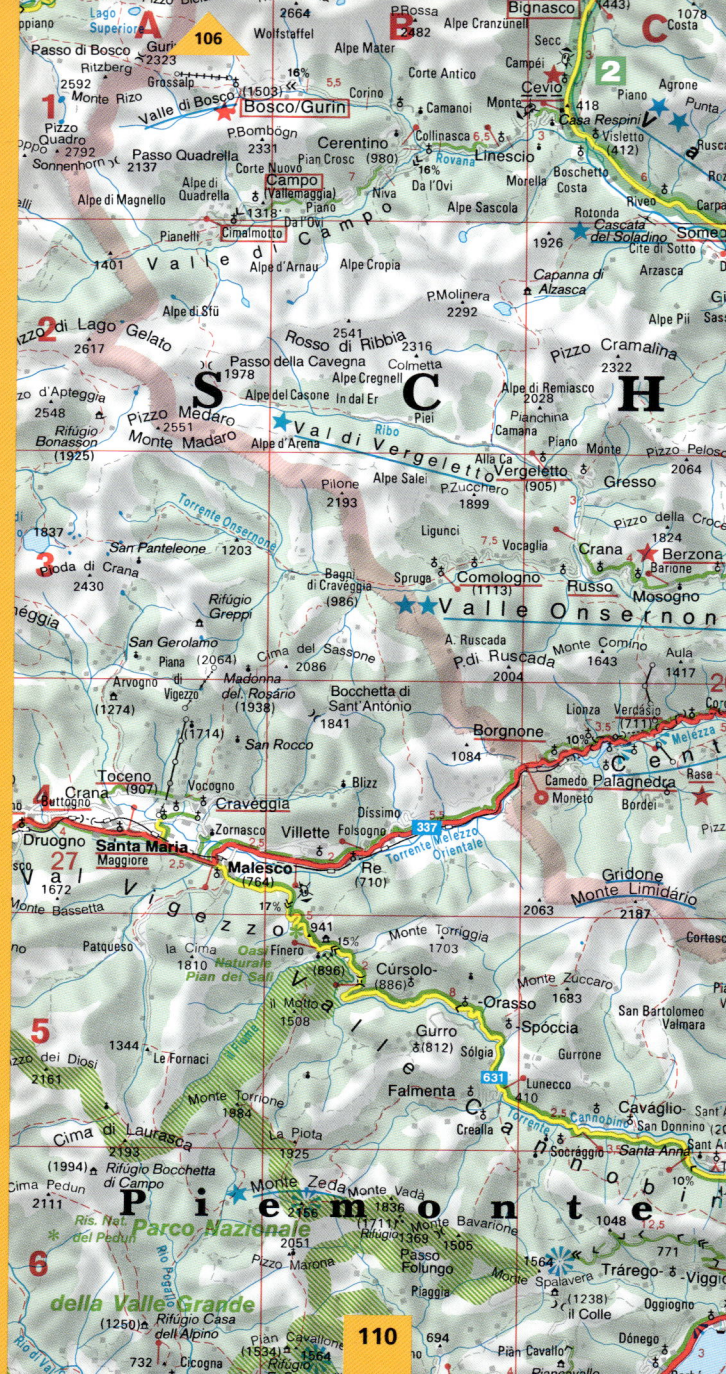

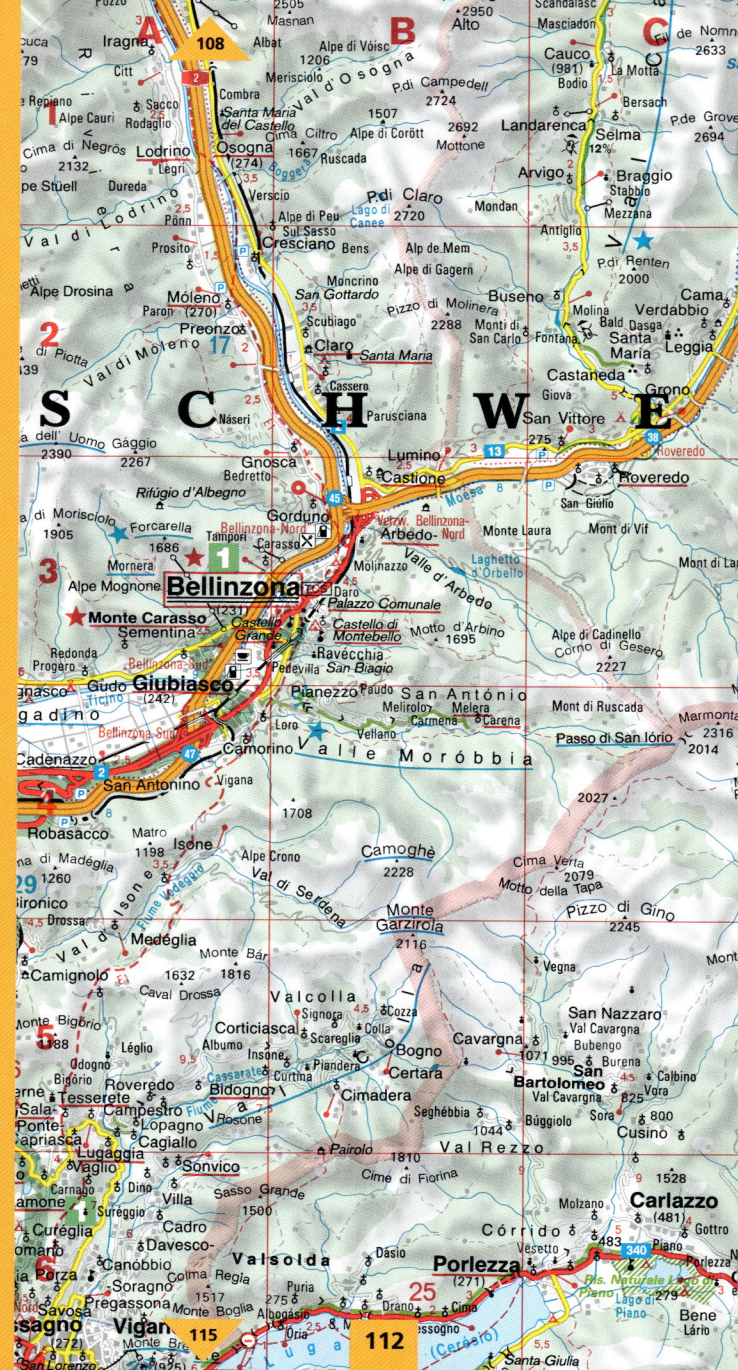

total relaxed in den urlaub: übung für fortgeschrittene

1. schliessen sie die augen und denken sie intensiv an das wunderbare wort „ferienmietwagen zum alles inklusive preise". stellen sie sich viele extras vor, die bei holiday autos alle im preis inbegriffen sind:

- unbegrenzte kilometer
- haftpflichtversicherung mit min. 1,5 mio €uro deckungssumme (usa: 1,1 mio €uro)
- vollkaskoversicherung ohne selbstbeteiligung
- kfz-diebstahlversicherung ohne selbstbeteiligung
- alle lokalen steuern
- flughafenbereitstellung
- flughafengebühren

2. atmen sie tief ein und lassen sie vor ihrem inneren auge die zahlreichen auszeichnungen vorbeiziehen, die holiday autos in den letzten jahren erhalten hat.

sie buchen ja nicht irgendwo.

3. nehmen sie ganz ruhig den hörer, wählen sie die telefonnummer **0180 5 17 91 91** (12cent/min), surfen sie zu **www.holidayautos.com** oder fragen sie in ihrem reisebüro nach den topangeboten von holiday autos!

kein urlaub ohne
holiday autos

MARCO ⊕ POLO

Für Ihre nächste Reise gibt es folgende Titel:

Deutschland

Allgäu
Amrum/Föhr
Bayerischer Wald
Berlin
Bodensee
Chiemgau/
  Berchtesgaden
Dresden
Düsseldorf
Eifel
Erzgebirge/
  Vogtland
Franken
Frankfurt
Hamburg
Harz
Heidelberg
Köln
Leipzig
Lüneburger Heide
Mark Brandenburg
Mecklenburgische
  Seenplatte
Mosel
München
Nordseeküste:
  Schleswig-
  Holstein
Oberbayern
Ostfries. Inseln
Ostfriesland:
  Nordseeküste
  Niedersachsen
Ostseeküste:
  Mecklenburg-
  Vorpommern
Ostseeküste:
  Schleswig-
  Holstein
Pfalz
Potsdam
Ruhrgebiet
Rügen
Schwarzwald
Spreewald/
  Lausitz
Stuttgart
Sylt
Thüringen
Usedom
Weimar

Frankreich

Bretagne
Burgund
Côte d'Azur
Disneyland Paris
Elsass
Frankreich
Frz. Atlantikküste
Korsika
Languedoc-
  Roussillon
Loire-Tal
Normandie
Paris
Provence

Italien Malta

Apulien
Capri
Dolomiten
Elba
Emilia-Romagna
Florenz
Gardasee
Golf von Neapel
Ischia
Italien
Italien Nord
Italien Süd
Ital. Adria
Ligurien
Mailand/
  Lombardei
Malta
Oberital. Seen
Piemont/Turin
Rom
Sardinien
Sizilien
Südtirol
Toskana
Umbrien
Venedig
Venetien/Friaul

Spanien Portugal

Algarve
Andalusien
Barcelona
Costa Blanca
Costa Brava
Costa del Sol/
  Granada
Fuerteventura
Gomera/Hierro
Gran Canaria
Ibiza/Formentera
Lanzarote
La Palma
Lissabon
Madeira
Madrid
Mallorca
Menorca
Portugal
Spanien
Teneriffa

Nordeuropa

Bornholm
Dänemark
Finnland
Island
Kopenhagen
Norwegen
Schweden

Osteuropa

Baltikum
Budapest

Königsberg/ Ost-
  preußen Nord
Masurische Seen
Moskau
Plattensee
Polen
Prag
Riesengebirge
Rumänien
Russland
St. Petersburg
Slowakei
Tschechien
Ungarn

Österreich Schweiz

Berner Oberland/
  Bern
Kärnten
Österreich
Salzburger Land
Schweiz
Tessin
Tirol
Wien
Zürich

Westeuropa und Benelux

Amsterdam
Brüssel
England
Flandern
Irland
Kanalinseln
London
Luxemburg
Niederländ. Küste
Niederlande
Schottland
Südengland
Wales

Südosteuropa

Athen
Bulgarien
Chalkidiki
Griechenland
  Festland
Griechische
  Inseln/Ägäis
Ionische Inseln
Istrien/Kvarner
Istanbul
Korfu
Kos
Kreta
Kroatische Küste
Peloponnes
Rhodos
Samos
Slowenien
Türkei
Türkische
  Mittelmeerküste
Zypern

Nordamerika

Alaska
Chicago und
  die Großen Seen
Florida
Hawaii
Kalifornien
Kanada
Kanada Ost
Kanada West
Los Angeles
New York
Rocky Mountains
San Francisco
USA
USA Neuengland
USA Ost
USA Südstaaten
USA Südwest
USA West
Washington, D.C.

Mittel- und Südamerika Antarktis

Antarktis
Argentinien/
  Buenos Aires
Bahamas
Brasilien
Chile
Costa Rica
Dominikanische
  Republik
Ecuador/
  Galapagos
Jamaika
Karibik I
Karibik II
Kuba
Mexiko
Peru/Bolivien
Südamerika
Venezuela
Yucatán

Afrika Vorderer Orient

Ägypten
Djerba/
  Südtunesien
Dubai/Emirate/
  Oman
Israel
Jemen
Jerusalem
Jordanien
Kenia
Libanon
Marokko
Namibia
Südafrika
Syrien
Türkei
Türkische
  Mittelmeerküste
Tunesien

Asien

Bali/Lombok
Bangkok
China
Hongkong/
  Macau
Indien
Japan
Ko Samui/
  Ko Phangan
Malaysia
Nepal
Peking
Philippinen
Phuket
Singapur
Sri Lanka
Taiwan
Thailand
Tokio
Vietnam

Indischer Ozean Pazifik

Australien
Hawaii
Malediven
Mauritius
Neuseeland
Seychellen
Südsee

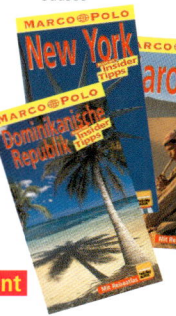

Sprachführer

Arabisch
Englisch
Französisch
Griechisch
Italienisch
Kroatisch
Niederländisch
Norwegisch
Polnisch
Portugiesisch
Russisch
Schwedisch
Spanisch
Tschechisch
Türkisch
Ungarisch

Im Register sind alle in diesem Führer erwähnten Orte und Ausflugsziele verzeichnet. Halbfette Seitenzahlen verweisen auf den Haupteintrag, kursive auf ein Foto.

Acquacalda 33
Acquarossa 32f.
Agno 25
Airolo **34ff.**, 88, 89
Alpe di Brusino 79
Alpe Foppa 88
Ambrì-Piotta 70
Aranno 67
Arcegno 42, 87
Arogno 78
Arosio 15, 68, 69
Ascona 9, 17, 23, 24, 25, 39, **40ff.**, 44, 87, 89, 92
Astano 68
Augio 31
Avegno 53, 87
Bagni di Craveggia 51
Balerna 74, 93
Basodino 54
Bavonatal **54**, *86*
Bedretto 36
Bedrettotal 36
Bellinzona 8, 17, 23, 24, 25, **27ff.**, 81, 88, 91f.
Berzona 51
Bioggio 64
Bleniotal **31ff.**, 87, 96
Bodio 30, *31*
Bogno 71
Bolle di Magadino **45**, 47, *82*, 88
Bosco Gurin 54f.
Braggio 30f.
Brè 65
Brione 55
Brissago 44, 89
Brissagoinseln 44
Brusino Arsizio 79
Cademario 68
Cagiallo 71
Calancatal **30f.**, 91
Camadratal 33
Campione d'Italia 64
Campo Blenio 33
Cannobio **44f.**, 88
Cantine di Gandria 92
Capolago 78
Capriascatal **70**, 88
Cardada 92
Carona 64f.
Caslano 15, 67, 68, 69, 92
Cauco 91
Centovalli **50f.**, 88
Cevio 52f.
Chiasso 24, **73f.**, 77

Cimalmotto 91
Claro 31
Collina d'Oro 66
Como 74
Comolognso 51
Corippo **55**, 56
Costa 51
Cresciano 87
Curio 67f.
Dagro 34
Domodossola 51
Faido 35
Figino 63
Foroglio 54
Fosano 45
Fusio 53
Gambarogno *6, 25,* **45f.**, 89
Gandria 64
Gentilino 66
Gerra *6,* 56f.
Giornico 8, *26,* **35f.**
Giubiasco 30
Gola di Lago 71
Gordevio 54
Gordola 45
Gorduno 30
Gotthard 8, 35, **37**
Greina 33
Gresso 51
Grossalp 55
Indemini 46f.
Intragna **51**, 87
Isola di San Pancrazio 44
Isola di Sant'Apollinare 44
Isole di Brissago 44
Itinerario agrituristico Magadino 47
Laghetto d'Astano 68
Lago Ritòm 36f.
Lavertezzo *11,* **55, 57,** 97
Lavorgo 36
Ligornetto 77f.
Livinental *26,* **34ff.**, 88f.
Locarno 8, 17, 23, 25, 39, 44, 46, **47ff.**, 84f., 88, 97
Losone 42, 87
Lottigna 32
Ludiano 33
Lugano 8, 17, 23, 25, **59ff.**, 70, 83, 88, 89, 94, 96, 97, 98
Luino 44f.
Lumino 31
Luzzonestaudamm 87
Madonna d'Ongero 65
Magadino 14, **45**, 47, *82*, 88

Maggia (Dorf) 52, 54, 88, 91
Maggiatal *12,* **52ff.**, *80,* **84f.**, 88, 89
Magliaso 67, 87, 93, 96
Maglio d'Aranno 67
Malcantone 15, 59, **66f.**, 88, 92
Malvaglia 33f.
Malvagliatal 33f.
Marignano 8
Massagno 61f.
Melide 70, 83, 92f., 96
Mendrisio 8, 17, 24f., *72,* **75ff.**, 84, 88
Meride **78**, 79, 93
Miglieglia 67, 69, 88, 92
Misox 30f.
Mogno *12,* 52
Monastero di Santa Maria 31
Montagnola 25, **65f.**
Monte Arbostora **64f.**, 69
Monte Bar 88
Monte Brè (Locarno) 51
Monte Brè (Lugano) 60, 64, **65**
Monte Carasso 82
Monte Caslano 67
Monte di Comino 51
Monte Generoso 75, 76, **78**
Monte Lema 88
Monte San Giorgio **78f.**, 93
Monte San Salvatore *58,* 60, 64, **65**
Monte Tamaro 88
Monti di Saurù 31
Morcote **69f.**, 96
Muggiotal 74f.
Negrentino 32
Novaggio 67, 69, 92
Olivone 32f.
Onsernonetal 51
Origlio 83
Pambio-Noranco 64
Paradiso 63
Parco Gambarogno 45
Parco Naturale Monte Caslano 67
Parco Piora 36f.
Passo del San Gottardo 8, 35, **37**
Peccia 85
Pesciüm 36
Pioratal 37
Piotta 37
Piottino-Schlucht 35
Pollegio 35
Ponte Brolla **51f.**, 53, 85, 87, 89
Ponte Capriasca 71

Ponte dei Salti *11*, 55
Ponte Tresa 68
Porto Ronco 44
Prugiasco 32
Rancate 79
Rasa 51
Ritòm-Stausee 36f.
Riva San Vitale 78
Riveo 85
Rivera 88
Robiei 54
Rodi-Fiesso 35
Ronco *38*, 41
Sagno 75
Salorino 76
San Carlo 54
San Giovanni Battista *12*, 52
Sankt Gotthard 8, 35, **37**
San Nazzaro 46
Santa Maria degli Angeli 88
Sentiero delle Meraviglie 92

Sentiero per l'arte Val Verzasca 56
Serpiano **79**, 93
Sessa 68, 69
Sonogno 56f.
Sorengo 62
Spruga 51
Stabio 83f.
Strada alta 88f.
Strada Verde 68f.
Stresa 51
Swissminiatur **92f.**, 96
Tegna 51f., 87
Tenero 57
Tesserete 24, 25, **70f.**, 88
Torricella 82f.
Traversata, La 88
Tremona 79
Vacallo 74
Vairano 45, 46
Val Bavona **54**, *86*
Val Bedretto 36

Val Calanca **30f.**, 91
Val Camadra 33
Val Capriasca **70**, 88
Valcolla 71
Valle di Blenio **31ff.**, 87, 96
Valle di Muggio 74f.
Valle Leventina *26*, **34ff.**, 88f.
Valle Maggia *12*, **52ff.**, *80*, **84f.**, 88, 89
Valle Onsernone 51
Val Malvaglia 33f.
Valmara 78
Val Piora 37
Val Verzasca *11*, **55ff.**, 87, 89
Vedeggiotal 82
Verdasio 51
Verscio 52
Verzascatal *11*, **55ff.**, 87, 89
Vico Morcote 70
Vira 25, 45, 46
Vogorno 87

Schreiben Sie uns!

Liebe Leserin, lieber Leser,

wir setzen alles daran, Ihnen möglichst aktuelle Informationen mit auf die Reise zu geben. Dennoch schleichen sich manchmal Fehler ein – trotz gründlicher Recherche unserer Autoren/innen. Sie haben sicherlich Verständnis, dass der Verlag dafür keine Haftung übernehmen kann. Wir freuen uns aber, wenn Sie uns schreiben.

Senden Sie Ihre Post an die MARCO POLO Redaktion, Mairs Geographischer Verlag, Postfach 31 51, 73751 Ostfildern, marcopolo@mairs.de

Impressum

Titelbild: Madonna del Sasso, Locarno (Huber: Gräfenhain)
Fotos: Aura: Wicki (5 l., 25); O. Baumli (15, 79, 82); W. Dieterich (U. r., 1, 2 o., 2 u., 9, 17, 20, 31, 43, 48, 59, 66, 72, 80, 84); Ente turistico Lago Maggiore (U. l., 40); R. Freyer (4, 27, 28, 62); R. M. Gill (6, 90); HB Verlag (24); HB Verlag: Schneider/Will (5 r., 12, 26, 32, 34, 37, 38, 44, 50, 57, 58, 67, 74, 86, 89); Huber: Gräfenhain (103); G. Jung (U. M., 7, 11, 22, 65); laif: Eid (46); Mauritius: Kowall (69); T. Stankiewicz (39, 54, 93, 94); W. Storto (18)

2. (6.), aktualisierte Auflage 2003 © Mairs Geographischer Verlag, Ostfildern
Herausgeber: Ferdinand Ranft, Chefredakteur: Marion Zorn
Redaktion: Nikolai Michaelis, Bildredakteurin: Gabriele Forst
Kartografie Reiseatlas: © Mairs Geographischer Verlag/Falk Verlag, Ostfildern
Gestaltung: red.sign, Stuttgart
Sprachführer: in Zusammenarbeit mit dem Ernst Klett Verlag GmbH, Stuttgart, PONS Wörterbücher

Bloß nicht!

Drei Tipps, die Ihnen helfen, sich nicht zu blamieren und unnötige Gefahren zu vermeiden

Deutsch sprechen

Im Tessin wird grundsätzlich Italienisch gesprochen. Dass Tessiner mitunter schroff auf Deutschsprachige reagieren, hat auch damit zu tun, dass sich Touristen aus Deutschland und der Deutschschweiz, was die Sprache angeht, oft unsensibel verhalten. Immer wieder hört man, wie in Läden oder Restaurants ohne vorherige Rückfrage direkt auf Deutsch gefragt oder bestellt wird. Auf solch schnoddriges Nichtbeachten ihrer Sprache reagieren viele Tessiner allergisch. Sie, die als sprachliche Minderheit in der Schweiz ohnehin über die gebührende Berücksichtigung des Italienischen wachen müssen, fühlen sich verletzt, wenn sie in ihrer Heimat wie selbstverständlich auf Deutsch angesprochen werden. Mit einem freundlichen *Lei parla tedesco* (Sprechen Sie Deutsch)? öffnen Sie viele Türen. Die meisten Tessiner verstehen Deutsch und sind hilfsbereit, wenn sich jemand nicht auf Italienisch verständigen kann. Was sie verlangen, ist minimaler Respekt ihrer sprachlichen Kultur gegenüber.

Feuer entfachen

Ein Picknick im Wald, dazu ein Feuer, um die Würstchen zu braten: ein Spaß, der zu Tessinferien gehört. Aber beim Feuern, das grundsätzlich erlaubt ist, ist Vorsicht geboten. Im Tessin gibt es oft längere Trockenperioden, die die Waldbrandgefahr enorm verschärfen. In Extremfällen kann schon eine achtlos ins Unterholz geworfene Zigarette ausreichen, einen kleinen Brandherd zu schaffen, der sich mit Hilfe des Windes rasch zum Waldbrand ausweiten kann. Erkundigen Sie sich im Hotel oder bei Ihrem Vermieter über den *pericolo d'incendio!*

Sorglos in Bergflüssen schwimmen

Der Sprung in den kühlen Bergbach, das Sonnenbad auf dem Granitblock im Bachbett: einfach schön. Aber passen Sie auf: Die Bergbäche sind sehr kalt. Und an engen Stellen, bei Untiefen oder zwischen Felsen kann sich ein gewaltiger Sog entwickeln, der auch kräftige Taucher oder Schwimmer in die Tiefe reißt. Jedes Jahr ertrinken in Tessiner Gewässern mehrere Menschen – seien Sie vorsichtig, und lassen Sie vor allem Kinder niemals unbeaufsichtigt! Denken Sie auch daran, dass den meisten Fließgewässern im Oberlauf zur Stromgewinnung Wasser entnommen wird. Der Wasserstand kann, wenn Stauwasser abgelassen wird, in kürzester Zeit beträchtlich anschwellen.